STRANGE FRIENDS

A Learning Guide

陌生的朋友

to accompany the film
STRANGE FRIENDS

馬静恒編

Jing-heng Ma

Published by
Center for Chinese Studies
The University of Michigan
Ann Arbor, Michigan 48109-1290

First Edition 1989
Second Edition 1991

Third Printing 1996

Printed and made in the United States of America

♾ The paper used in this publication meets the minimum requirements of the American National Standard for Information Sciences—Permanence of Paper for Publications and Documents in Libraries and Archives ANSI/NISO/Z39.48—1992.

ISBN 0-89264-102-9

Contents

Acknowledgments

In preparing the second edition of this book, I should like to express my gratitude to my colleagues at Wellesley College, Ruby Lam, Yuehua Liu, Jia Ni, and Marina Sung, for the time and effort they spent in reading this material. Their comments and criticisms were much appreciated. I am particularly indebted to my students, who have taught me while I have attempted to teach them.

I am deeply indebted to Allen Rowe of the Monterey Institute of International Studies for his help in developing the commentary on the film which enhances this book a great deal. I am also indebted to Hu Qian of the Monterey Institute of International Studies for going through the painstaking task of reading and correcting the script.

Very special thanks go to Edward Trager for his design and editorial skills. He also made a number of helpful suggestions for this edition. I should also like to express my thanks to Walter Michener, Editor at the Center for Chinese Studies at the University of Michigan, for his skill and diligence in supervising the production of this book.

Finally, I would like to thank my husband, Wei-yi Ma, for his support and his handsome calligraphy on the cover of this book.

Jing-heng Ma

Note on the Second Edition

This second edition contains several modifications in response to comments and suggestions from both instructors and students. The three volumes of the earlier edition have been incorporated into a single volume. At the same time, the vocabulary section has been made more comprehensive; for the convenience of teachers, a table has been added giving a breakdown of the number of vocabulary words presented in each scene; and a phonetic index of vocabulary words appears at the end of the volume.

Finally, this edition contains a "Commentary" section, which consists of a scene-by-scene explanation, in simple Chinese, of the action of the film. This commentary was developed by Jiaying Zhuang of the Monterey Institute of International Studies in conjunction with the author and is the text of the second audio track for the newly released videodisc version of the film. The commentary should prove useful for classes using videocassettes as well as for those using videodiscs.

Preface

This material accompanies the ninety-minute film **Mòshēng de Péngyou** 陌生的朋友(**"Strange Friends"**), which was filmed and produced in China. The film was honored with the prestigious Special Award in the Berlin International Film Festival. It was chosen as teaching material for students of Chinese because it uses the natural dialogue of Chinese daily life, spoken clearly, and because it realistically depicts the political and social climate of China in the 1980s. Simultaneous use of the video and script will help the student develop skill in comprehending spoken and written Chinese.

The learning guide was developed over a two-year period. Initially used at Williams College, it was incorporated during the summer of 1988 into the intensive second-year Chinese class at the University of Michigan, and it is currently being used in Wellesley's second-year Chinese class. Prerequisite to its use is proficiency in the basics of Chinese grammar and vocabulary as presented in textbooks such as Parker Po-fei Huang and Hugh M. Stimson's **Spoken Standard Chinese I & II** and **Written Standard Chinese I & II**, J. DeFrancis's **Beginning Chinese** and **Beginning Chinese Reader Parts I & II**, or Henry C. Fenn and M. Gardner Tewksbury's **Speak Mandarin** and **Read Chinese Books I & II**. The student should also be familiar with the 600 characters plus compounds presented in those series.

The text is intended to integrate the four components of language competence: (1) aural comprehension, (2) reading comprehension, (3) oral expression, and (4) written expression. The instructor is free to decide his or her functional objectives in using these materials--whether to stress aural-oral proficiency and comprehension or reading comprehension along with written expression. Decisions about how best to use these materials should depend on the needs of the students and the specific objectives and goals of the course.

The language-learning process should begin as a visual experience. After initial exposure to the material, the process should continue with listening and speaking practice, and finally the material should be reinforced by reading and writing. The instructor should create a cassette of the script and make sure that the cassette and video are available for use both in class and in the language lab. Audio-visual equipment for frequent classtime viewing is also necessary. This material should be used as seriously as a textbook would be used. Class schedules, discussions, and drills must be carefully designed to meet the needs of the students for provocative and thorough language learning. In order to sustain interest, ask the students to watch only the part of the movie covered in each class. This teaching method has been found effective for past students:

1. First, have the students watch the part of the movie that will be discussed in class.
2. Have the students listen to a cassette of the scenes to be discussed in class.
3. Explain the background of the movie and aspects of cultural interest to the students.
4. While showing the movie, stop it often (with a remote control) to discuss the scenes, using as much Chinese as possible, translating only the parts which are the most difficult for the students.
5. Read, and have the students read, the script during class and go over the sample vocabulary sentences.
6. Assign the sentences and written exercises to the students as homework.
7. Review the scenes covered the previous day and continue discussion practice.
8. Have frequent oral and written quizzes and tests.

The text is divided into four parts. **Part I** consists of a brief synopsis of the film in English and provides essential background information. It also contains the film's complete Chinese script, which can be used for reading comprehension. **Part II** contains a vocabulary list to facilitate the student's understanding of the film. The list consists of 399 items. 157 of these, marked with asterisks, are for recognition purposes only; the 242 unmarked items are to be learned. The students should be able to recall these from memory and be able to write them correctly. In order to assist teachers, the author has included a table listing the number of vocabulary words for each scene. Part II also contains sample sentences utilizing the vocabulary from the list of items to be learned. The sentences give the student an additional opportunity to see the new items, and they illustrate their use in different contexts. **Part III** is designed to be a student workbook. It consists of 21 exercises, each composed of two parts: questions and answers, and sentence formulation. These exercises may be used for in-class discussion, for written homework, or for both. **Part IV**, the commentary, contains a scene-by-scene explanation, in simple Chinese, of the action of the film. Students should read and listen to the cassette tapes of the commentary at home: doing so will not only help them understand the film more thoroughly, but will also enable them to discuss what has happened in each scene in Chinese. Finally, this volume contains a phonetic **Index**, based on the pinyin system, of the 399 vocabulary words. The index indicates the scene in which each entry occurred and its vocabulary number and can be used for review and self-testing.

The *pīnyīn* system of romanization is used in this text. Unless otherwise specified, the joining of syllables complies with the practices followed in other literature that uses the pinyin system. If **n** occurs before a vowel in the middle of a word, it is read as part of the following syllable. For example:

yìnián = yì + nián 一年

If **ng** occurs before a vowel in the middle of a word, **n** is read as part of the preceding syllable and **g** is read as part of the following syllable. For example:

zhēnguài = zhēn + guài 眞怪

Exceptions to these rules will be marked with an apostrophe. For example:

gōngānjú = gōng'ānjú 公安局

yìqīngèrchǔ = yìqīng'èrchǔ 一清二楚

liànài = liàn'ài 戀愛

fángài = fáng'ài 妨礙

For standardized sayings, proverbs, idioms, or cliches, hyphens are used to join two or more syllables. For example:

jiào-kǔ-lián-tiān 叫苦連天

bīng-dòng-sān-chǐ 冰凍三尺

yì-guó-tā-xiāng 異國他鄉

rén-dào-zhōngnián-wànshìxiū 人到中年萬事休

Blank spaces indicate places which **can** under certain conditions be separated by a pause or by insertion of additional elements. For example:

chá zìdiǎn 查字典

jié hūn 結婚

This type of material is experimental. We invite anyone who has suggestions or corrections for further revison of this material to write to the author.

Synopsis

As the movie begins, Dù Qiū and his wife are at the Beijing train station; Dù Qiū is going on a business trip to Fuzhou. His wife warns him not to make friends as quickly and casually as he usually does; she also tells him to write often and not to smoke. However, the minute the train starts, Dù makes friends with Zhāng Tóngshēng, the man sitting across from him, and they both have a cigarette. The train begins to pull away from the station.

Dù and Zhāng first see the central character of the movie, a young woman, chasing their train; she is nearly killed jumping on. She sits down next to Dù Qiū. In a flashback, we see a criminal gang, of which this woman was once a member, trying to convince her to rejoin them. The gang members have framed her for a recent crime, and they threaten her with this, telling her that she has no choice but to rejoin them, that her only alternative is jail. It is obvious that she is now trying to escape from them.

Dù Qiū and Zhāng Tóngshēng try to befriend this young woman; Zhāng buys her some food, and Dù tries to ask her where she's going, but she remains silent. Later during the trip Zhāng reads Dù's fortune with cards, and Dù is amazed that he is correct. The young woman is then invited to have her fortune read, and Zhāng guesses that she is trying to reform and is running away to start a new life. The woman becomes nervous, wondering how he knows, but still she does not speak.

At the next stop an old man boards the train. Dù and Zhāng promise the old man's son that they will look after the father. Before the old man can get to his seat, it is taken by a young man wearing sunglasses and playing loud music. Zhāng and Dù quarrel with him, insisting that he give up the seat and leave. Finally a security officer arrives to take away the young man, who is a wanted pickpocket. Dù remarks that there are more and more young thieves these days, and that they must all be caught and punished. Upon hearing this, the young woman becomes even more nervous, and as Dù and Zhāng continue to talk with the security officer, she fears that they will turn her in. At the next stop she gets off the train.

Zhāng sees that the young woman is leaving; worried, he follows her. When he finally finds her, she (thinking he is a policeman) tells him to handcuff her. Zhāng tries to explain that he just wants to help, but she doesn't trust him and tells him to stop following her. Later, while buying some food, she sees Zhāng coming; in her rush to escape, she spills a bowl of food on another man. Rounding a corner, she believes she is safe, but this man and his friend catch up with her and try to make her "lick his shoe clean." They are about to beat her when Zhāng comes along and interferes. Zhāng and the man fight; Zhāng, who is a good fighter, wins even though the other man has a knife.

The woman is now very grateful to Zhāng, and the two spend all day and evening talking and walking around Nanjing. She wants to go to Fuzhou to see the ocean, the last place she was happy and where she thinks she would like to die. Zhāng tries to tell her that beautiful things do not exist only in memories, that life is beautiful even if it is sometimes rough, and that if she returns to Beijing she will be forgiven. Finally, he convinces her to go to Fuzhou for awhile to visit.

Dù is waiting for Zhāng and the woman at the Fuzhou station. As they start to leave, the loudspeaker announces that someone is waiting for Zhāng at the exit. It turns out that two cadres from the young woman's factory in Beijing have come in response to a telegram from Zhāng. They tell the young woman that her case has been solved and that the leaders of her factory know she committed no crime. They apologize and ask her to return. When she reads a letter her father sent with the cadres, she decides to go back.

As the young woman boards the train to leave, she asks for Zhāng's address, and Dù gives her a magazine on which it is written. As the train pulls away, she sees an article entitled "From a Criminal to a Model Worker." It is about Zhāng, who had once been a criminal and is now reformed. The young woman remembers Zhāng saying that beautiful things do not exist only in memories.

生詞統計表

Vocabulary Count

幕數	生詞總數	必記的生詞	瞭解的生詞
1	21	8	13
2	18	16	2
3	42	27	15
4	7	4	3
5	5	5	0
6	8	6	2
7	19	8	11
8	11	8	3
9	21	13	8
10	9	4	5
11	3	2	1
12	9	5	4
13	55	28	27
14	14	4	10
15	3	2	1
16	3	2	1
17	42	21	21
18	2	2	0
19	2	1	1
20	1	1	0
21	6	2	4
22	0	0	0
23	0	0	0
24	7	2	5
25	7	2	5
26	12	11	1
27	25	17	8
28	18	18	0
29	0	0	0
30	6	6	0
31	8	4	4
32	15	12	3
總計	399	242	157

電影常用語

Film Terminology

traditional	*simplified*		
製片	制片	zhìpiàn	producer
製片廠	制片厂	zhìpiàn chǎng	movie studio
編劇	编剧	biānjù	screen writer; to write a play
導演	导演	dǎoyǎn	director
人員	人员	rényuán	personnel, staff
攝影	摄影	shèyǐng	photography
錄音	录音	lùyīn	recording
作曲	作曲	zuòqǔ	musical composition
剪輯	剪辑	jiǎnjí	(film) editing
照明	照明	zhàomíng	lighting
音響	音响	yīnxiǎng	sound effects
化裝	化装	huàzhuāng	make-up
服裝	服装	fúzhuāng	costumes
道具	道具	dàojù	props
佈景	布景	bùjíng	stage setting
指揮	指挥	zhǐhuī	(musical) conductor
演奏	演奏	yǎnzòu	instrumental performance
演員	演员	yǎnyuán	actor
男主角	男主角	nán zhǔjue	leading actor
女主角	女主角	nǚ zhǔjue	leading lady
對白	对白	duìbái	dialogue

人物表

Principal Characters

杜秋	Dù Qiū	a man from Beijing travelling to Fuzhou for a business trip.
張同生 *trad.* 张同生 *simp.*	Zhāng Tóngshēng	another man on the train with whom Dù strikes up a conversation.
女孩子	nǚ háizi	literally *female child*: an unnamed young woman whom Dù and Zhāng meet on the train.

Part One
Script

第一部分
電影對白

陌生的朋友 對白

第一景

廣播：　各位旅客請注意，各位旅客請注意，開往南京，上海，福州方面第四十五次列車現在開始剪票了。請大家在第四剪票口剪票。

廣播：　各位旅客請注意，各位旅客請注意，開往南京，上海，福州方面第四十五次列車現在開始剪票了。請大家在第四剪票口剪票。

杜秋：　來，換換手。

杜太太：　欸。哎呀，熱死了。

杜秋：　走吧！

問路人：　哎呀！這，這... 同志啊，唉，唉，跟您打聽一下。

杜秋：　哦！

問路人：　有個農貿市場啊。噢，欸，欸。

杜秋：　瓷器口的自由集市？

問路人：　啊。

杜秋：　您上九路汽車，坐一站，到崇文門，然後再換一零六路電車到瓷器口，下車就是那個大集市。

問路人：　好，好，好。

問路人：　啊！同志啊，在哪兒上車啊？

杜秋：　那邊兒，看見沒有？那邊兒馬路上有個站牌子，上面寫着“九”。

問路人：　啊！好，啊，謝謝！謝謝！

杜秋：　不客氣，不客氣。

問路人：　欸！同志啊！車錢多少啊？

陌生的朋友 对白

第一景

广播：　各位旅客请注意，各位旅客请注意，开往南京，上海，福州方面第四十五次列车现在开始剪票了。请大家在第四剪票口剪票。

广播：　各位旅客请注意，各位旅客请注意，开往南京，上海，福州方面第四十五次列车现在开始剪票了。请大家在第四剪票口剪票。

杜秋：　来，换换手。

杜太太：欸。哎呀，热死了。

杜秋：　走吧！

问路人：哎呀！这，这... 同志啊，唉，唉，跟您打听一下。

杜秋：　哦！

问路人：有个农贸市场啊。噢，欸，欸。

杜秋：　瓷器口的自由集市？

问路人：啊。

杜秋：　您上九路汽车，坐一站，到崇文门，然后再换一零六路电车到瓷器口，下车就是那个大集市。

问路人：好，好，好。

问路人：啊！同志啊，在哪儿上车啊？

杜秋：　那边儿，看见没有？那边儿马路上有个站牌子，上面写着“九”。

问路人：啊！好，啊，谢谢！谢谢！

杜秋：　不客气，不客气。

问路人：欸！同志啊！车钱多少啊？

杜秋：　五分，五分錢！
杜太太：　走啊！
問路人：　五分。謝謝，謝謝。啊！五分。

第二景

剪票口：　上海，上海，南京，南京，福州，杭州，上海。
杜太太：　剛才我跟你說的都記住了啊？
杜秋：　記住了。
杜太太：　說說。
杜秋：　經常寫信，三天一封。
杜太太：　嗯！還有呢？
杜秋：　還有，少抽煙。
杜太太：　嗯？
杜秋：　不，不，不抽煙，一枝不許抽。對不？
杜太太：　對！還有。
杜秋：　還有？
杜太太：　嗯。
杜秋：　喲！
杜太太：　忘了？不要亂交朋友，甚麼亂七八糟的，出一趟差就認識一大群，你這個見面熟的毛病就不能改一改？
杜秋：　改，改，一定改，噢。
杜太太：　嗯。

第三景

查票員：　請把車票拿出來。好。
杜秋：　你別上車了。回去吧。

杜秋：　　五分，五分钱！

杜太太：　走啊！

问路人：　五分。谢谢，谢谢。啊！五分。

第二景

剪票口：　上海，上海，南京，南京，福州，杭州，上海。

杜太太：　刚才我跟你说的都记住了啊？

杜秋：　　记住了。

杜太太：　说说。

杜秋：　　经常写信，三天一封。

杜太太：　嗯！还有呢？

杜秋：　　还有，少抽烟。

杜太太：　嗯？

杜秋：　　不，不，不抽烟，一枝不许抽。对不？

杜太太：　对！还有。

杜秋：　　还有？

杜太太：　嗯。

杜秋：　　哟！

杜太太：　忘了？不要乱交朋友，甚么乱七八糟的，出一趟差就认识一大群，你这个见面熟的毛病就不能改一改？

杜秋：　　改，改，一定改，噢。

杜太太：　嗯。

第三景

查票员：　请把车票拿出来。好。

杜秋：　　你别上车了。回去吧。

杜太太：　哎呀，你等等。
查票員：　好，好。
杜秋：　欸，同志，勞駕。幫幫忙。
張同生：　好，給我。
杜秋：　輕點兒。輕點兒。這個怕壓。哈，哈，哈。
張同生：　好。
杜秋：　謝謝你啊。
張同生：　別客氣。
杜秋：　請問您貴姓？
張同生：　姓張。張同生。
杜秋：　噢，小張同志。嘿，嘿，嘿。
杜秋：　您是在北京工作吧？
張同生：　是啊。
杜秋：　我怎麼看你好面熟，好像在哪兒見過。欸？你是不是演過電影？
張同生：　啊，我不是演員。
杜秋：　喔，也許我認錯人了。你也去出差呀？
張同生：　嗯。
杜秋：　到哪兒？
張同生：　福州。
杜秋：　啊呀，真是太巧了。我也去福州，真有意思。一上車就碰上個同路人。你也沒買臥鋪吧？
張同生：　嗯。
杜秋：　這個章程改得好啊，不買臥鋪三分之一的錢歸自己。這樣一來，臥鋪不緊張了。個人也多少撈點兒。您說對吧？
張同生：　啊，對。
杜秋：　來，抽枝煙。
張同生：　啊，我這兒有。
杜秋：　欸，出門兒在外，見面就是朋友，拿着。
張同生：　好，謝謝。
杜秋：　您來一枝。
乘客甲：　不會。
杜秋：　來。

杜太太：　哎呀，你等等。

查票员：　好，好。

杜秋：　欸，同志，劳驾。帮帮忙。

张同生：　好，给我。

杜秋：　轻点儿。轻点儿。这个怕压。哈，哈，哈。

张同生：　好。

杜秋：　谢谢你啊。

张同生：　别客气。

杜秋：　请问您贵姓？

张同生：　姓张。张同生。

杜秋：　噢，小张同志。嘿，嘿，嘿。

杜秋：　您是在北京工作吧？

张同生：　是啊。

杜秋：　我怎么看你好面熟，好像在哪儿见过。欸？你是不是演过电影？

张同生：　啊，我不是演员。

杜秋：　喔，也许我认错人了。你也去出差呀？

张同生：　唔。

杜秋：　到哪儿？

张同生：　福州。

杜秋：　啊呀，真是太巧了。我也去福州，真有意思。一上车就
碰上个同路人。你也没买卧舗吧？

张同生：　唔。

杜秋：　这个章程改得好啊，不买卧铺三分之一的钱归自己。
这样一来，卧铺不紧张了。个人也多少捞点儿。您说对吧？

张同生：　啊，对。

杜秋：　来，抽枝烟。

张同生：　啊，我这儿有。

杜秋：　欸，出门儿在外，见面就是朋友，拿着。

张同生：　好，谢谢。

杜秋：　您来一枝。

乘客甲：　不会。

杜秋：　来。

杜太太：　師傅，快點兒。

售貨員：　我這就好。

杜太太：　我要趕火車呢。好，謝謝。

杜秋：　對了，自我介紹一下。我姓杜，您看過日本電影《追捕》嗎？

張同生：　嗯。

杜秋：　我的名字和那個男主角兒的名字一樣，也叫杜秋。

張同生：　杜秋？

杜秋：　噚，有意思吧！

張同生：　有意思。不過你爲甚麼叫個日本人的名字？

杜秋：　欸？怎麼是我叫日本人的名字啊？是日本人叫了我的名字啊！知道不？我從小就叫杜秋。

杜太太：　杜秋，杜秋，杜秋。真要命，差點兒趕不上了。拿着，欸？瞧你這麼大人了，也不怕別人笑話。咦？你這是怎麼啦？說話呀！

車站人員：哎，同志往後站了啊。往後站，往後站。要開車了，同志往後站。

車站人員：站住！站住！站住！

女聲：　欸！危險！

男聲：　哎！

杜秋：　真險呐！

男聲：　怎麼？你不要命了，你啊？票！真是！

第四景

杜秋：　甚麼寶貝？值得跑來跑去地買？啊呀，喔！嘿，嘿，嘿，真有意思。您看看。

張同生：　喔！戒煙糖。嘿，嘿，嘿，嘿...

杜秋：　嘿，嘿，嘿，來，嚐嚐吧！嚐嚐。啊！

服務人員：哪位要開水？

乘客：　不要，不要。

杜太太：　师傅，快点儿。
售货员：　我这就好。
杜太太：　我要赶火车呢。好，谢谢。
杜秋：　对了，自我介绍一下。我姓杜，您看过日本电影《追捕》吗？
张同生：　嗯。
杜秋：　我的名字和那个男主角儿的名字一样，也叫杜秋。
张同生：　杜秋？
杜秋：　嗬，有意思吧！
张同生：　有意思。不过你为甚么叫个日本人的名字？
杜秋：　欸？怎么是我叫日本人的名字啊？是日本人叫了我的名字啊！知道不？我从小就叫杜秋。
杜太太：　杜秋，杜秋，杜秋。真要命，差点儿赶不上了。拿着，欸？瞧你这么大人了，也不怕别人笑话。咦？你这是怎么啦？说话呀！
车站人员：哎，同志往后站了啊。往后站，往后站。要开车了，同志往后站。
车站人员：站住！站住！站住！
女声：　欸！危险！
男声：　哎！
杜秋：　真险呐！
男声：　怎么？你不要命了，你啊？票！真是！

第四景

杜秋：　甚么宝贝？值得跑来跑去地买？啊呀，喔！嘿，嘿，嘿，真有意思。您看看。
张同生：　喔！戒烟糖。嘿，嘿，嘿，嘿...
杜秋：　嘿，嘿，嘿，来，尝尝吧！尝尝。啊！
服务人员：哪位要开水？
乘客：　不要，不要。

服務員：　你要開水嗎？
乘客：　這味兒還可以啊。來，你來塊嚐嚐。
杜秋：　嚐嚐吧。

第五景

爸爸：　過去的事情就讓它過去吧！爸爸不埋怨你。你媽媽如果她還活着的話，她也會原諒你的。
爸爸：　別哭了，孩子。別哭了，孩子。你看，爸爸已經落實政策啦。你也就要有工作啦！啊！只要你好好工作，不再像以前那樣兒，你就還是爸爸的好女兒啊。
女孩子：　嗯。

第六景

列車員：　同志，請讓讓啊！
廣播員：　旅客同志們請注意，天津車站就要到了，在天津車站下車的旅客....
列車員：　馬上就到天津了，下車的人多，請到裡邊找座兒吧。
乘客：　走吧。
廣播員：　旅客同志們請注意，天津車站就要到了，在天津車站下車的旅客，請提前準備好自己的東西，準備下車。
杜秋：　走吧！買天津包子去。
張同生：　喔，好。
杜秋：　我得買兩袋兒。
乘客：　再見了...
乘客：　再見了...

服务员：　你要开水吗？
乘客：　这味儿还可以啊。来，你来块尝尝。
杜秋：　尝尝吧。

第五景

爸爸：　过去的事情就让它过去吧！爸爸不埋怨你。你妈妈如果她还活着的话，她也会原谅你的。
爸爸：　别哭了，孩子。别哭了，孩子。你看，爸爸已经落实政策啦。你也就要有工作啦！啊！只要你好好工作，不再像以前那样儿，你就还是爸爸的好女儿啊。
女孩子：　嗯。

第六景

列车员：　同志，请让让啊！
广播员：　旅客同志们请注意，天津车站就要到了，在天津车站下车的旅客....
列车员：　马上就到天津了，下车的人多，请到里边找座儿吧。
乘客：　走吧。
广播员：　旅客同志们请注意，天津车站就要到了，在天津车站下车的旅客，请提前准备好自己的东西，准备下车。
杜秋：　走吧！买天津包子去。
张同生：　喔，好。
杜秋：　我得买两袋儿。
乘客：　再见了...
乘客：　再见了...

杜秋：　　兩袋兒。

張同生：　買兩袋兒。好。

乘客：　　別送了。你們回去吧。

送客：　　再見了。車快開了吧。

杜秋：　　同志，同志。這是我的座兒。

女服務員：買了餐券兒的旅客請拿飯啦。你要幾份兒？

乘客：　　我這兩份兒。兩份兒。

女乘客：　我這兒一份兒。

乘客：　　哎，給我一份兒。

乘客：　　我這兒有兩份兒呢。

女服務員：賣飯啦！賣飯啦！

杜秋：　　嚐嚐吧！

乘客：　　不客氣。

乘客：　　欸，同志，我要一份兒。

杜秋：　　您嚐嚐。

第七景

壞人：　　給！噢！怎麼學好啦？廠裡找你談過啦？你知道那個案子是怎麼回事兒嗎？那是我們幹的。別急，別急，我們這麼幹，不是爲了那幾個錢。大夥瞧你挺受罪的，幾次叫你都不回來。沒辦法才想了這麼一招。這一回你總該回來了吧？站住！上哪兒去？哼！好啦，這個案子可給你做絕了。甭說你們廠保衛科，就是公安局來，也不會懷疑第二個人。你要是把我們給抬了，人家也不會相信你。不信，你就試試。

女賊：　　給，這是你那份兒。總不能讓你白背個黑鍋呀！

杜秋：　　两袋儿。

张同生：　买两袋儿。好。

乘客：　　别送了。你们回去吧。

送客：　　再见了。车快开了吧。

杜秋：　　同志，同志。这是我的座儿。

女服务员：买了餐券儿的旅客请拿饭啦。你要几份儿？

乘客：　　我这两份儿。两份儿。

女乘客：　我这儿一份儿。

乘客：　　哎，给我一份儿。

乘客：　　我这儿有两份儿呢。

女服务员：卖饭啦！卖饭啦！

杜秋：　　尝尝吧！

乘客：　　不客气。

乘客：　　欸，同志，我要一份儿。

杜秋：　　您尝尝。

第七景

坏人：　　给！噢！怎么学好啦？厂里找你谈过啦？你知道那个案子是怎么回事儿吗？那是我们干的。别急，别急，我们这么干，不是为了那几个钱。大夥瞧你挺受罪的，几次叫你都不回来。没办法才想了这么一招。这一回你总该回来了吧？站住！上哪儿去？哼！好啦，这个案子可给你做绝了。甭说你们厂保卫科，就是公安局来，也不会怀疑第二个人。你要是把我们给抬了，人家也不会相信你。不信，你就试试。

女贼：　　给，这是你那份儿。总不能让你白背个黑锅呀！

第八景

杜秋：　你買的戒煙糖真靈！吃了以後... 吃了以後... 嗯。

張同生：　嘿，嘿，嘿，嘿...

杜秋：　欸，嘿，嘿，嘿，你還沒有結婚吧？

張同生：　嗯？沒有。

杜秋：　有對象嗎？

張同生：　還沒有。

杜秋：　哼，嘿，嘿，嘿，所以你就不懂了吧！這小兩口啊，要想和和氣氣過日子，就得有個人特別的聽話，她說甚麼，你都聽着，至於做不做嘛，那就靈活掌握嘍。啊？哈，哈，哈，哈。

杜秋：　對不起。

杜秋：　噢！我說是在哪兒見過嘛，你看是不是？欸，欸，好樣兒的，好樣兒的，真不簡單吶。欸，一會兒吃飯的時候，您叫我一聲啊。

張同生：　噢，欸，好，好，好。

第九景

同志：　你這寫的是甚麼？啊？叫你寫交待，他們，他們是他們，你是你，各有各的帳，不要一出了事就往別人身上推。我問你，到底是怎麼回事？你痛快點說嘛！

女同志：　說吧！快說吧！啊！

男同志：　老實告訴你吧！現在是人證，物證都在我們手裡，我們讓你自己說，是給你一次坦白的機會。你不要以爲我們拿你沒有辦法。

女同志：　你想過沒有？你進廠多不容易呀！派出所，居委會替

第八景

杜秋：　　你买的戒烟糖真灵！吃了以后... 吃了以后... 嗯。
张同生：　嘿，嘿，嘿，嘿...
杜秋：　　欸，嘿，嘿，嘿，你还没有结婚吧？
张同生：　嗫？没有。
杜秋：　　有对象吗？
张同生：　还没有。
杜秋：　　哼，嘿，嘿，嘿，所以你就不懂了吧！这小两口啊，
　　　　　要想和和气气过日子，就得有个人特别的听话，
　　　　　她说甚么，你都听着，至于做不做嘛，那就灵活掌握喽。
　　　　　啊？哈，哈，哈，哈。
杜秋：　　对不起。
杜秋：　　噢！我说是在哪儿见过嘛，你看是不是？欸，欸，好样儿的，
　　　　　好样儿的，真不简单呐。欸，一会儿吃饭的时候，您叫我
　　　　　一声啊。
张同生：　噢，欸，好，好，好。

第九景

同志：　　你这写的是甚么？啊？叫你写交待，他们，他们是他们，
　　　　　你是你，各有各的帐，不要一出了事就往别人身上推。
　　　　　我问你，到底是怎么回事？你痛快点说嘛！
女同志：　说吧！快说吧！啊！
男同志：　老实告诉你吧！现在是人证，物证都在我们手里，我
　　　　　们让你自己说，是给你一次坦白的机会。你不要以为
　　　　　我们拿你没有办法。
女同志：　你想过没有？你进厂多不容易呀！派出所，居委会替

你說了多少好話，那麼多的待業青年都沒安排，廠裡首先安排了你，你想想，你這樣做對得起誰呀？啊？唉，你...

男同志：　欸！你痛快點兒說嘛！

女同志：　快點兒說吧！說吧！啊？

男同志：　如果不願在這裡說，那只好到公安局去說了，可是你要明白，那就是二進宮了。

第十景

服務員：　各位旅客請注意，現在開始賣餐券兒了，晚餐供應盒飯，三毛五一份兒，哪位旅客用餐，請您提前準備好零錢。

服務員：　您要幾份兒？

女乘客：　欸，同志，我這兒要兩份兒。

乘客：　同志，我來一份兒。

服務員：　找您錢。

乘客：　這兒要兩份兒。

男乘客：　欸，同志，我不找錢。

乘客：　欸，同志...

服務員：　找您六毛五。

乘客：　欸，同志，四份兒。

服務員：　您錢正好。

乘客：　欸，四份兒。欸，四份兒。

乘客：　欸，同志，這邊兒。

乘客：　欸，好，好，好。

張同生：　哎，杜秋，吃飯了。

杜秋：　嗯。

乘客：　欸，這兒要一份兒。

乘客：　同志，我來兩份兒。

服務員：　你要幾份兒？

你说了多少好话，那么多的待业青年都没安排，厂里首先安排了你，你想想，你这样做对得起谁呀？啊？唉，你...

男同志： 欸！你痛快点儿说嘛！

女同志： 快点儿说吧！说吧！啊？

男同志： 如果不愿在这里说，那只好到公安局去说了，可是你要明白，那就是二进宫了。

第十景

服务员： 各位旅客请注意，现在开始卖餐券儿了，晚餐供应盒饭，三毛五一份儿，哪位旅客用餐，请您提前准备好零钱。

服务员： 您要几份儿？

女乘客： 欸，同志，我这儿要两份儿。

乘客： 同志，我来一份儿。

服务员： 找您钱。

乘客： 这儿要两份儿。

男乘客： 欸，同志，我不找钱。

乘客： 欸，同志...

服务员： 找您六毛五。

乘客： 欸，同志，四份儿。

服务员： 您钱正好。

乘客： 欸，四份儿。欸，四份儿。

乘客： 欸，同志，这边儿。

乘客： 欸，好，好，好。

张同生： 哎，杜秋，吃饭了。

杜秋： 嗯。

乘客： 欸，这儿要一份儿。

乘客： 同志，我来两份儿。

服务员： 你要几份儿？

杜秋：　同志，我來一份兒。

服務員：　您錢剛好。這邊兒誰還買？

眾乘客：　欸，同志，我要一份兒...

服務員：　欸，大家別急啊！一個一個來啊！

乘客：　兩塊的，兩塊的...

眾乘客：　要一份兒。

乘客：　欸，同志，我這五塊錢的要兩份兒。

服務員：　找您錢。

眾乘客：　欸，同志...

張同生：　嗯，兩份兒。

杜秋：　對，對，出門兒在外就是得多吃點兒。加強營養嘛。

張同生：　嗯。

服務員：　找您三毛。

廣播員：　旅客同志們請注意，德州車站就要到了，有在德州下車的旅客請準備下車。

杜秋：　快，快，德州的燒雞，西瓜最有名了。走吧，快點兒。

張同生：　噢。

廣播員：　德州車站就要到了，有在德州下車的旅客請準備下車。

第十一景

列車員：　哎，別擠，別擠啊。等下完再上。

眾乘客：　啊呀，別擠啊，你。

眾乘客：　慢點兒，慢點兒。噢，我來兩個。
給我來一個。

杜秋：　這雞真够個兒。

乘客：　欸，同志，多少錢？

杜秋：　三塊五。

杜秋：　同志，我来一份儿。

服务员：　您钱刚好。这边儿谁还买？

众乘客：　欸，同志，我要一份儿...

服务员：　欸，大家别急啊！一个一个来啊！

乘客：　两块的，两块的...

众乘客：　要一份儿。

乘客：　欸，同志，我这五块钱的要两份儿。

服务员：　找您钱。

众乘客：　欸，同志...

张同生：　嗯，两份儿。

杜秋：　对，对，出门儿在外就是得多吃点儿。加强营养嘛。

张同生：　嗯。

服务员：　找您三毛。

广播员：　旅客同志们请注意，德州车站就要到了，有在德州下车的旅客请准备下车。

杜秋：　快，快，德州的烧鸡，西瓜最有名了。走吧，快点儿。

张同生：　噢。

广播员：　德州车站就要到了，有在德州下车的旅客请准备下车。

第十一景

列车员：　哎，别挤，别挤啊。等下完再上。

众乘客：　啊呀，别挤啊，你。

众乘客：　慢点儿，慢点儿。噢，我来两个。
给我来一个。

杜秋：　这鸡真够个儿。

乘客：　欸，同志，多少钱？

杜秋：　三块五。

乘客：　　真貴啊。
杜秋：　　貴，還搶呢。
乘客：　　這隻雞買得好。
張同生：　老杜，給。
杜秋：　　欸，好，我去打點兒水啊。
張同生：　欸，我去吧。
杜秋：　　我去吧，請您讓一讓。

第十二景

張同生：　快吃吧！
杜秋：　　啊，讓一讓。
張同生：　哎，來，來，快吃飯吧！
杜秋：　　吃吧！
杜秋：　　快吃吧！吃吧！吃吧！出門在外還是多吃點兒好啊。
杜秋：　　吃飽了？嘿，嘿，嘿。喝點兒水吧！
杜秋：　　來來來，一人一個。消消食，啊。
張同生：　謝謝。
杜秋：　　你也來一個，這可是消過毒的。保證衛生。拿着吧，拿着吧，拿着吧。
女乘客：　拿着吧！快謝謝阿姨。
小女孩兒：謝謝阿姨。
女乘客：　請阿姨吃梨。
小女孩兒：阿姨吃梨。
杜秋：　　請問，您貴姓？
杜秋：　　我姓杜。你看過日本電影兒《追捕》嗎？我的名字和那個男主角兒的名字一樣，也...
張同生：　你去哪兒啊？也上福州？
杜秋：　　你也去出差啊？那是去探親的？是去上學的，對吧？那，那你一個人出來幹什麼？

乘客：　　真贵啊。
杜秋：　　贵，还抢呢。
乘客：　　这只鸡买得好。
张同生：　老杜，给。
杜秋：　　欸，好，我去打点儿水啊。
张同生：　欸，我去吧。
杜秋：　　我去吧，请您让一让。

第十二景

张同生：　快吃吧！
杜秋：　　啊，让一让。
张同生：　哎，来，来，快吃饭吧！
杜秋：　　吃吧！
杜秋：　　快吃吧！吃吧！吃吧！出门在外还是多吃点儿好啊。
杜秋：　　吃饱了？嘿，嘿，嘿。喝点儿水吧！
杜秋：　　来来来，一人一个。消消食，啊。
张同生：　谢谢。
杜秋：　　你也来一个，这可是消过毒的。保证卫生。拿着吧，拿着吧，拿着吧。
女乘客：　拿着吧！快谢谢阿姨。
小女孩儿：谢谢阿姨。
女乘客：　请阿姨吃梨。
小女孩儿：阿姨吃梨。
杜秋：　　请问，您贵姓？
杜秋：　　我姓杜。你看过日本电影儿《追捕》吗？我的名字和那个男主角儿的名字一样，也...
张同生：　你去哪儿啊？也上福州？
杜秋：　　你也去出差啊？那是去探亲的？是去上学的，对吧？那，那你一个人出来干什么？

小女孩兒：媽媽你看，真好看，真好看。
乘客：　　哎呀！這麼多的白鴨子。
小女孩兒：媽媽，他們吃什麼？
乘客：　　嗯，吃小魚呀。
小女孩兒：真好玩兒，真好玩兒。哼，嘿，嘿，嘿。

第十三景

女孩子：　老師，大海永遠都是這麼美嗎？
服務員：　欸，抬抬腳啊！欸，請抬抬腳！
服務員：　欸，好，好。
服務員：　勞駕。勞駕！
杜秋：　　欸，接着說，接着說！快，快，快！
張同生：　好，好。
服務員：　欸，請抬抬腳啊！
張同生：　嗯，這張牌代表妻子，從這張牌看，你們好像剛剛結婚不久，是不是？
杜秋：　　是啊。
張同生：　你看，你們倆感情很深。她非常體貼你。你呢，也覺得很幸福。
杜秋：　　對，對，對。
張同生：　對吧？不過，你是不是... 欸，我說了你可別生氣啊。
杜秋：　　說吧，說吧，沒關係。說吧！
張同生：　你是不是有點兒怕她？
杜秋：　　哎呀，哥們兒，你可真是太神了。實話對你說吧，我那口子什麼都好，就是脾氣大點兒，每頓飯前總是說：杜秋，洗手！不洗手，不許吃飯。到了晚上，杜秋，洗腳！不洗腳，不許上牀！真是恨不得把你泡到藥水兒裡消消毒。
張同生：　嘿，嘿，嘿，那還不好啊，講究衛生啊。

小女孩儿：妈妈你看，真好看，真好看。
乘客：　　哎呀！这么多的白鸭子。
小女孩儿：妈妈，他们吃什么？
乘客：　　嗯，吃小鱼呀。
小女孩儿：真好玩儿，真好玩儿。哼，嘿，嘿，嘿。

第十三景

女孩子：　老师，大海永远都是这么美吗？
服务员：　欸，抬抬脚啊！欸，请抬抬脚！
服务员：　欸，好，好。
服务员：　劳驾。劳驾！
杜秋：　　欸，接着说，接着说！快，快，快！
张同生：　好，好。
服务员：　欸，请抬抬脚啊！
张同生：　嗯，这张牌代表妻子，从这张牌看，你们好像刚刚结婚不久，是不是？
杜秋：　　是啊。
张同生：　你看，你们俩感情很深。她非常体贴你。你呢，也觉得很幸福。
杜秋：　　对，对，对。
张同生：　对吧？不过，你是不是... 欸，我说了你可别生气啊。
杜秋：　　说吧，说吧，没关系。说吧！
张同生：　你是不是有点儿怕她？
杜秋：　　哎呀，哥们儿，你可真是太神了。实话对你说吧，我那口子什么都好，就是脾气大点儿，每顿饭前总是说：杜秋，洗手！不洗手，不许吃饭。到了晚上，杜秋，洗脚！不洗脚，不许上床！真是恨不得把你泡到药水儿里消消毒。
张同生：　嘿，嘿，嘿，那还不好啊，讲究卫生啊。

杜秋：　　現在的女同志啊，總是以管男人爲光榮嘛！呵，呵，呵，

張同生：　呵，呵，呵，新社會，女管男嘛，呵，呵，呵。這兩張，這張是工作。

杜秋：　　噢。

張同生：　工作嘛，還可以。你們自己也很滿意，這張代表錢，錢掙得不算多，不過兩個人還是够花的。另外你們最近好像還發點兒小財。

杜秋：　　對，對，對。這次提薪，我們倆一人來了一級，補了一百多塊呢。

張同生：　噢！噢！

杜秋：　　哎呀！真是太絕啦，你是怎麼算出來的？哎！來，再來一次。

張同生：　哎，不行，不行啊。

杜秋：　　怎麼？

張同生：　卦多就不靈了。我看，還是見好就收吧，啊。

杜秋：　　那，那，你來一把，好不好？啊！來吧，來吧，來，來，來。來吧，來，來。他算的可靈啦！

張同生：　嗯。

杜秋：　　來，抬抬牌，抬吧！

張同生：　呣，這付牌可不太好説呀！

杜秋：　　説吧，説嘛，鬧着玩兒的。沒事兒，啊？

張同生：　對了，你是不是遇到甚麼不順心的事兒？

杜秋：　　是嗎？

張同生：　這張牌是小人，呣..從這張牌看，你是命犯小人，流年不利，你過去？

張同生：　現在呢，你想好好兒生活，可是不行啊，老有人在你背後嘀嘀咕咕的。

杜秋：　　是嗎？你是群眾關係不好？還是和領導不對勁兒？

張同生：　這次你出來，是不是想到別的地方去換換環境呢？

列車員：　旅客同志們，本次列車在各位旅客的大力協助下，開展了紅旗車廂競賽，現在，通過檢查評比，你們五號車廂被評爲紅旗車廂。

杜秋：　现在的女同志啊，总是以管男人为光荣嘛！呵，呵，呵，

张同生：　呵，呵，呵，新社会，女管男嘛，呵，呵，呵。这两张，这张是工作。

杜秋：　噢。

张同生：　工作嘛，还可以。你们自己也很满意，这张代表钱，钱挣得不算多，不过两个人还是够花的。另外你们最近好像还发点儿小财。

杜秋：　对，对，对。这次提薪，我们俩一人来了一级，补了一百多块呢。

张同生：　噢！噢！

杜秋：　哎呀！真是太绝啦，你是怎么算出来的？哎！来，再来一次。

张同生：　哎，不行，不行啊。

杜秋：　怎么？

张同生：　卦多就不灵了。我看，还是见好就收吧，啊。

杜秋：　那，那，你来一把，好不好？啊！来吧，来吧，来，来，来。来吧，来，来。他算的可灵啦！

张同生：　嗯。

杜秋：　来，抬抬牌，抬吧！

张同生：　哦，这付牌可不太好说呀！

杜秋：　说吧，说嘛，闹着玩儿的。没事儿，啊？

张同生：　对了，你是不是遇到甚么不顺心的事儿？

杜秋：　是吗？

张同生：　这张牌是小人，哦..从这张牌看，你是命犯小人，流年不利，你过去？

张同生：　现在呢，你想好好儿生活，可是不行啊，老有人在你背后嘀嘀咕咕的。

杜秋：　是吗？你是群众关系不好？还是和领导不对劲儿？

张同生：　这次你出来，是不是想到别的地方去换换环境呢？

列车员：　旅客同志们，本次列车在各位旅客的大力协助下，开展了红旗车厢竞赛，现在，通过检查评比，你们五号车厢被评为红旗车厢。

第十四景

男同志：　欸，你先停一下，小楊找你。
小楊：　把工作交代交代，到保衛科去一趟。你還站着幹什麼呢？走吧！走啊！
男工人：　欸？剛發的流動紅旗就收了？這紅旗也流動得太快了。
女工人：　少貧嘴！人家出事你高興呢？
男工人　欸？怎麼回事兒啊？
女工人：　你還不知道啊？老毛病又犯了唄！
男工人：　她不是改得不錯了嗎？聽說現在還有對象了！
女工人：　嗨！吹了。人家一聽說她又作案了，就不願意啦！
男工人：　這號人吶，改不了啦！
女工人：　挺機伶的姑娘，怪可惜了的。
女工人：　沒辦法，這種人，麻袋上繡花兒--- 底子太差了。
眾人：　哈，哈，哈。

第十五景

兒子：　爹，您快走。
父親：　欸。
兒子：　爹，欸，同志，麻煩您給佔個座兒。
張同生：　欸，好，好，好。
兒子：　爹，您快上車啊。
父親：　欸，好。
兒子：　麻煩您了，同志。
張同生：　別客氣。
兒子：　您上哪兒？
張同生：　福州。

第十四景

男同志：　欸，你先停一下，小杨找你。
小杨：　把工作交代交代，到保卫科去一趟。你还站着干什么呢？走吧！走啊！
男工人：　欸？刚发的流动红旗就收了？这红旗也流动得太快了。
女工人：　少贫嘴！人家出事你高兴呢？
男工人　欸？怎么回事儿啊？
女工人：　你还不知道啊？老毛病又犯了呗！
男工人：　她不是改得不错了吗？听说现在还有对象了！
女工人：　嗨！吹了。人家一听说她又作案了，就不愿意啦！
男工人：　这号人呐，改不了啦！
女工人：　挺机伶的姑娘，怪可惜了的。
女工人：　没办法，这种人，麻袋上绣花儿--- 底子太差了。
众人：　哈，哈，哈。

第十五景

儿子：　爹，您快走。
父亲：　欸。
儿子：　爹，欸，同志，麻烦您给占个座儿。
张同生：　欸，好，好，好。
儿子：　爹，您快上车啊。
父亲：　欸，好。
儿子：　麻烦您了，同志。
张同生：　别客气。
儿子：　您上哪儿？
张同生：　福州。

兒子：　　噢，我爹到徐州。麻煩您到徐州叫他一聲。
杜秋：　　好，好，好，沒問題，你放心吧！
兒子：　　噢。

第十六景

壞青年：　欸？欸？幹什麼？幹什麼啊？哎唷！
張同生：　欸，欸，真杜秋來了。
杜秋：　　呵，呵，呵。
兒子：　　爹。
父親：　　啊？
兒子：　　到了徐州這位同志會叫您下車的。
父親：　　欸，欸。
兒子：　　爹，您多保重啊！
父親：　　快回去吧！
兒子：　　再見。
張同生：　你放心吧！
兒子：　　再見。
張同生：　好，再見啊！

第十七景

張同生：　欸，欸，請你起來一下。
張同生：　欸，欸，起來呀。
壞青年：　幹什麼啊？
張同生：　這兒是人家老大爺的座兒。
壞青年：　對不起，我先來的，啊。哼。
張同生：　欸？你這人怎麼不講理呀？

儿子：　　噢，我爹到徐州。麻烦您到徐州叫他一声。
杜秋：　　好，好，好，没问题，你放心吧！
儿子：　　噢。

第十六景

坏青年：　欸？欸？干什么？干什么啊？哎唷！
张同生：　欸，欸，真杜秋来了。
杜秋：　　呵，呵，呵。
儿子：　　爹。
父亲：　　啊？
儿子：　　到了徐州这位同志会叫您下车的。
父亲：　　欸，欸。
儿子：　　爹，您多保重啊！
父亲：　　快回去吧！
儿子：　　再见。
张同生：　你放心吧！
儿子：　　再见。
张同生：　好，再见啊！

第十七景

张同生：　欸，欸，请你起来一下。
张同生：　欸，欸，起来呀。
坏青年：　干什么啊？
张同生：　这儿是人家老大爷的座儿。
坏青年：　对不起，我先来的，啊。哼。
张同生：　欸？你这人怎么不讲理呀？

壞青年： 我怎麼不講理？啊？

張同生： 明明是人家老大爺先來的。你憑什麼楞搶他座兒呀？

壞青年： 他先來的？哼，誰他媽看見啦？

杜秋： 我看見了。他，他，我們都看見了。這個包兒就是人家老大爺的。

女乘客： 這人怎麼這麼不講理？

男乘客： 瞧他那樣子，"業餘華僑"。

杜秋： 起來，起來，起來！

壞青年： 起來？哼！這兒不是你們家，啊。你他媽管得着嗎？你？

杜秋： 怎麼管不着？現在法治了，你侵佔他人座位，擾亂公共秩序，怎麼着？

壞青年： 喲，喲，喲，呵，呵，呵，你少來這套，啊！他媽的。

杜秋： 欸？你怎麼罵人吶？

乘客： 太不象話了。

壞青年： 罵，我罵你了，罵你了。

杜秋： 你憑甚麼罵人？

壞青年： 罵你了。我還他媽揍你呢。嗨，嗨。

乘警： 你這人怎麼這樣啊？你再罵。怎麼回事兒？吵甚麼？把這個關了！關了！

杜秋： 他蠻不講理，搶人家老大爺的座兒。

壞青年： 誰，誰，誰，誰呀，我先來的。

杜秋： 你什麼時候來的？

乘警： 哦！原來是你呀！我正找你呢。跟我走吧！走！

乘客： 應該帶走。看他樣子就不是好人。

乘警： 走，走，走!

乘客： 看那樣兒就不像好人。

乘客： 好好兒教育教育他。真不是東西，故意搗亂在這兒。

杜秋： 哎呀，這回可安靜了。

乘客： 剛才那人可真不像話。

乘客： 就知道欺負老實人，還拿個破錄音機。

老大爺： 唉，這些年鬧騰的，別的沒有，淨出這種貨，真拿他沒辦法。

杜秋： 瞧他那勁兒，一看就不是好人。

坏青年：　我怎么不讲理？啊？

张同生：　明明是人家老大爷先来的。你凭什么楞抢他座儿呀？

坏青年：　他先来的？哼，谁他妈看见啦？

杜秋：　我看见了。他，他，我们都看见了。这个包儿就是人家老大爷的。

女乘客：　这人怎么这么不讲理？

男乘客：　瞧他那样子，“业余华侨”。

杜秋：　起来，起来，起来！

坏青年：　起来？哼！这儿不是你们家，啊。你他妈管得着吗？你？

杜秋：　怎么管不着？现在法治了，你侵占他人座位，扰乱公共秩序，怎么着？

坏青年：　哟，哟，哟，呵，呵，呵，你少来这套，啊！他妈的。

杜秋：　欸？你怎么骂人呐？

乘客：　太不象话了。

坏青年：　骂，我骂你了，骂你了。

杜秋：　你凭甚么骂人？

坏青年：　骂你了。我还他妈揍你呢。嗬，嗬。

乘警：　你这人怎么这样啊？你再骂。怎么回事儿？吵甚么？把这个关了！关了！

杜秋：　他蛮不讲理，抢人家老大爷的座儿。

坏青年：　谁，谁，谁，谁呀，我先来的。

杜秋：　你什么时候来的？

乘警：　哦！原来是你呀！我正找你呢。跟我走吧！走！

乘客：　应该带走。看他样子就不是好人。

乘警：　走，走，走!

乘客：　看那样儿就不像好人。

乘客：　好好儿教育教育他。真不是东西，故意捣乱在这儿。

杜秋：　哎呀，这回可安静了。

乘客：　刚才那人可真不像话。

乘客：　就知道欺负老实人，还拿个破录音机。

老大爷：　唉，这些年闹腾的，别的没有，净出这种货，真拿他没办法。

杜秋：　瞧他那劲儿，一看就不是好人。

老大爺：　哎，也不知從哪兒跑出來的。
杜秋：　對這種流氓小偷啊，就得狠狠打擊，跑到哪裡也不行。
杜秋：　欸？你怎麼啦？
杜秋：　瞧這姑娘，神裡神經的，嚇人一跳。
老大爺：　不，這姑娘好啊！你別看她嘴裡不言不語的，心裡可是一清二楚啊。
杜秋：　噢，來，抽枝煙。
老大爺：　欸，我有，我有。
杜秋：　您老兒貴姓啊？
老大爺：　免貴，姓陳。
杜秋：　噢！
老大爺：　您貴姓啊？
杜秋：　我姓杜，對了，您看過日本電影《追捕》嗎？
老大爺：　啥戲？
杜秋：　《追捕》啊。
老大爺：　《追虎》啊？沒看過。如今吶，鄉下的戲唱的多啦，我倒看過《武松打虎》。
杜秋：　哦，哦，哦。
張同生：　呵，呵，呵，呵。

第十八景

杜秋：　跑到哪兒也不行。
女工人：　這號人吶，改不了了。
爸爸：　你這麼不爭氣呀。

老大爷：　哎，也不知从哪儿跑出来的。
杜秋：　对这种流氓小偷啊，就得狠狠打击，跑到哪里也不行。
杜秋：　欸？你怎么啦？
杜秋：　瞧这姑娘，神里神经的，吓人一跳。
老大爷：　不，这姑娘好啊！你别看她嘴里不言不语的，心里可是一清二楚啊。
杜秋：　噢，来，抽枝烟。
老大爷：　欸，我有，我有。
杜秋：　您老儿贵姓啊？
老大爷：　免贵，姓陈。
杜秋：　噢！
老大爷：　您贵姓啊？
杜秋：　我姓杜，对了，您看过日本电影《追捕》吗？
老大爷：　啥戏？
杜秋：　《追捕》啊。
老大爷：　《追虎》啊？没看过。如今呐，乡下的戏唱的多啦，我倒看过《武松打虎》。
杜秋：　哦，哦，哦。
张同生：　呵，呵，呵，呵。

第十八景

杜秋：　跑到哪儿也不行。
女工人：　这号人呐，改不了了。
爸爸：　你这么不争气呀。

第十九景

杜秋：　欸，對不起，這兒有人。
杜秋：　欸，真的有人呐。
杜秋：　噢。
杜秋：　欸，你知道這姑娘怎麼回事兒嗎？
張同生：　怎麼回事兒？
杜秋：　我知道。她是個啞巴。
張同生：　不會吧。
杜秋：　沒錯。走吧！

第二十景

張同生：　你上哪兒去啊？
杜秋：　你看過日本電影《追捕》嗎？
張同生：　你是不是想到別的地方去換換環境？
杜秋：　對這種流氓小偷就得狠狠打擊。跑到哪兒也不行。

第二十一景

杜秋：　噢，請坐。
乘警：　噢。
杜秋：　來，抽枝煙。
乘警：　不會。
張同生：　欸，剛才那個....
乘警：　哦，你說那小子啊？真不是個東西。趁着上車那個亂勁兒，他就開了兩個天窗。

第十九景

杜秋：　欸，对不起，这儿有人。
杜秋：　欸，真的有人呐。
杜秋：　噢。
杜秋：　欸，你知道这姑娘怎么回事儿吗？
张同生：怎么回事儿？
杜秋：　我知道。她是个哑巴。
张同生：不会吧。
杜秋：　没错。走吧！

第二十景

张同生：你上哪儿去啊？
杜秋：　你看过日本电影《追捕》吗？
张同生：你是不是想到别的地方去换换环境？
杜秋：　对这种流氓小偷就得狠狠打击。跑到哪儿也不行。

第二十一景

杜秋：　噢，请坐。
乘警：　噢。
杜秋：　来，抽枝烟。
乘警：　不会。
张同生：欸，刚才那个....
乘警：　哦，你说那小子啊？真不是个东西。趁着上车那个乱劲儿，他就开了两个天窗。

杜秋：　天窗？什麼天窗啊？
張同生：　喏，你看，這不...
杜秋：　哦！我説怪不得呢，原來那小子是個小偷啊！

第二十二景

杜秋：　像這種流氓小偷跑到哪兒也不行。
警察：　你被逮捕了！站住！
警察：　被逮捕了，被逮捕了。

第二十三景

廣播：　旅客同志們，四十五次列車已經到達南京車站了，在南京車站停車十五分鐘。有去往上海，福州，方面的旅客請趕快上車。
旅客：　走啊，走啊。
女旅客：　有人接你嗎？
廣播：　旅客同志們，四十五次列車已經到達南京車站了，在南京車站停車十五分鐘。有去往上海，福州，方面的旅客請趕快上車。
張同生：　欸！杜秋，杜秋。
杜秋：　嗯？
張同生：　她不見啦。欸！我下去看看。你幫我看着點兒東西啊！

杜秋：　　天窗？什么天窗啊？

张同生：　喏，你看，这不...

杜秋：　　哦！我说怪不得呢，原来那小子是个小偷啊！

第二十二景

杜秋：　　像这种流氓小偷跑到哪儿也不行。

警察：　　你被逮捕了！站住！

警察：　　被逮捕了，被逮捕了。

第二十三景

广播：　　旅客同志们，四十五次列车已经到达南京车站了，在南京车站停车十五分钟。有去往上海，福州，方面的旅客请赶快上车。

旅客：　　走啊，走啊。

女旅客：　有人接你吗？

广播：　　旅客同志们，四十五次列车已经到达南京车站了，在南京车站停车十五分钟。有去往上海，福州，方面的旅客请赶快上车。

张同生：　欸！杜秋，杜秋。

杜秋：　　嗬？

张同生：　她不见啦。欸！我下去看看。你帮我看着点儿东西啊！

第二十四景

張同生：　你這是幹甚麼呀？
女孩子：　銬上吧！哼！“雷子”。
張同生：　哈！你可真聰明。很可惜，我沒有拘捕證啊。
女孩子：　你少嘻皮笑臉的。銬吧！
張同生：　咳！你看，你都想到哪兒去啦？
女孩子：　怎麼？不銬？那對不起，我走了。
張同生：　欸？你不是要到福州去嗎？
女孩子：　我不去了。
張同生：　那爲甚麼？
女孩子：　不去就是不去了。我不想去，我不願意去，行了吧？
張同生：　那你東西還在車上呢！咱們還是回去吧，你不能這樣。
女孩子：　你還有完沒完？我又沒求過你，老纏着幹甚麼？福州我不去，我不要...

第二十五景

女孩子：　師傅，給我拿四個。
師傅：　噢。
女孩子：　多少錢？
師傅：　兩毛四。
女孩子：　我要兩個。
女孩子：　對不起！
女孩子：　我給你擦了吧！
壞人：　擦了，沒那麼便宜。舔了。舔了。
女孩子：　哼！
壞人：　哼，哼，哼...
張同生：　欸，欸，欸，我來給你擦。

第二十四景

张同生：　你这是干甚么呀？
女孩子：　铐上吧！哼！"雷子"。
张同生：　哈！你可真聪明。很可惜，我没有拘捕证啊。
女孩子：　你少嘻皮笑脸的。铐吧！
张同生：　咳！你看，你都想到哪儿去啦？
女孩子：　怎么？不铐？那对不起，我走了。
张同生：　欸？你不是要到福州去吗？
女孩子：　我不去了。
张同生：　那为甚么？
女孩子：　不去就是不去了。我不想去，我不愿意去，行了吧？
张同生：　那你东西还在车上呢！咱们还是回去吧，你不能这样。
女孩子：　你还有完没完？我又没求过你，老缠着干甚么？福州我不去，我不要...

第二十五景

女孩子：　师傅，给我拿四个。
师傅：　噢。
女孩子：　多少钱？
师傅：　两毛四。
女孩子：　我要两个。
女孩子：　对不起！
女孩子：　我给你擦了吧！
坏人：　擦了，没那么便宜。舔了。舔了。
女孩子：　哼！
坏人：　哼，哼，哼...
张同生：　欸，欸，欸，我来给你擦。

壞人：　　你他媽哪兒的？敢上這兒來撒糞？
張同生：　哼，哥兒們，別這麼凶。
壞人：　　想練練？有種的跟我走。
壞人：　　滾他媽你！
女孩子：　啊，刀！
張同生：　哼。
壞人：　　啊！
張同生：　站住！衣服。

第二十六景

女孩子：　剛才要不是你，真不知道會怎麼樣呢！你可真有兩下子，一定是受過專門訓練的，對吧？
張同生：　咳，打架打出來的。架打得多了，自然也就練出來了。
女孩子：　打架？
張同生：　你能不能告訴我，你一個人跑出來，究竟爲了甚麼？
女孩子：　你不是已經都知道了嗎？
張同生：　不知爲甚麼我總有一種預感，老覺得你好像要出甚麼事兒。說說吧，心裡有甚麼不痛快的事兒說出來，反倒會痛快一點兒。
女孩子：　你相信我嗎？
張同生：　相信。
女孩子：　相信？你根據甚麼？
張同生：　根據？我說不清楚。也許是根據你特別需要別人的信任和了解。
女孩子：　謝謝。

坏人：　　你他妈哪儿的？敢上这儿来撒粪？

张同生：　哼，哥儿们，别这么凶。

坏人：　　想练练？有种的跟我走。

坏人：　　滚他妈你！

女孩子：　啊，刀！

张同生：　哼。

坏人：　　啊！

张同生：　站住！衣服。

第二十六景

女孩子：　刚才要不是你，真不知道会怎么样呢！你可真有两下子，一定是受过专门训练的，对吧？

张同生：　咳，打架打出来的。架打得多了，自然也就练出来了。

女孩子：　打架？

张同生：　你能不能告诉我，你一个人跑出来，究竟为了甚么？

女孩子：　你不是已经都知道了吗？

张同生：　不知为甚么我总有一种预感，老觉得你好像要出甚么事儿。说说吧，心里有甚么不痛快的事儿说出来，反倒会痛快一点儿。

女孩子：　你相信我吗？

张同生：　相信。

女孩子：　相信？你根据甚么？

张同生：　根据？我说不清楚。也许是根据你特别需要别人的信任和了解。

女孩子：　谢谢。

第二十七景

女孩子：　事情就是這樣。明明是那幾個流氓作的案，偏說是我幹的。

張同生：　既然不是你，你就該回去把情況說清楚，要相信領導。問題總會弄明白的。我看，你還是快回北京去吧。

女孩子：　不，我不回去，我甚麼都說了，人家不相信，說了還不是白說。從前是我不好，可現在我改了。我改了還不行嗎？憑甚麼還拿對賊一樣的眼光看着我？我又不是一塊破抹布，什麼髒的，爛的東西都往我身上擦。我，唉，我跟你說這些幹什麼？反正你也不會理解我。

張同生：　我能理解。真的。我全能理解。你說吧！

女孩子：　不說了，出來的時候，我就下過決心，過去的事兒對誰也不提了。

張同生；　為甚麼？

女孩子：　生活裡值得信任的人實在是太少了。

張同生：　不能這麼說，信任是相互的，像我們這樣的年輕人相信別人和被別人相信都不是一件容易的事啊！這需要我們付出雙倍的努力才行啊！你說對嗎？你去福州幹甚麼？

女孩子：　去看看大海。

張同生：　去看海？

女孩子：　我從小在海邊長大，不知為甚麼，越是不順心，就越是懷念童年生活過的那些地方。

女孩子：　小時候，老師經常帶我們去海邊玩。

小女孩：　老師，大海永遠都是這麼美嗎？

老師：　是的，雖然大海掀起狂濤巨浪的時候也會沉船，傷人，但是海畢竟是海，海永遠都是最美的。

第二十七景

女孩子： 事情就是这样。明明是那几个流氓作的案，偏说是我干的。

张同生： 既然不是你，你就该回去把情况说清楚，要相信领导。问题总会弄明白的。我看，你还是快回北京去吧。

女孩子： 不，我不回去，我甚么都说了，人家不相信，说了还不是白说。从前是我不好，可现在我改了。我改了还不行吗？凭甚么还拿对贼一样的眼光看着我？我又不是一块破抹布，什么脏的，烂的东西都往我身上擦。我，唉，我跟你说这些干什么？反正你也不会理解我。

张同生： 我能理解。真的。我全能理解。你说吧！

女孩子： 不说了，出来的时候，我就下过决心，过去的事儿对谁也不提了。

张同生； 为甚么？

女孩子： 生活里值得信任的人实在是太少了。

张同生： 不能这么说，信任是相互的，像我们这样的年轻人相信别人和被别人相信都不是一件容易的事啊！这需要我们付出双倍的努力才行啊！你说对吗？你去福州干甚么？

女孩子： 去看看大海。

张同生： 去看海？

女孩子： 我从小在海边长大，不知为甚么，越是不顺心，就越是怀念童年生活过的那些地方。

女孩子： 小时候，老师经常带我们去海边玩。

小女孩： 老师，大海永远都是这么美吗？

老师： 是的，虽然大海掀起狂涛巨浪的时候也会沉船，伤人，但是海毕竟是海，海永远都是最美的。

第二十八景

女孩子：　全都過去了，留下的只是像夢一樣的回憶。

張同生：　這麼説你是想去童年生活過的地方再看一看。

女孩子：　是的。去看看。

張同生：　那，看完之後又怎麼辦呢？

女孩子：　不知道，也許在曾經有過幸福的地方死去，也是一種幸福吧！

張同生：　嗨，你那麼年輕就想到死？這也太悲觀了。那位老師説的對，生活也像大海一樣，雖然有時是不平靜的，但總是美好的。

張同生：　美好的東西，絶不只是回憶裡才有啊！我們都很年輕，才剛剛開始生活，只要有決心，就一定會有光明的前途。關鍵是對生活要有堅定的信念。

女孩子：　你説的都對，可現在我不回去。

張同生：　那，也好。那你就到海邊去看看吧！也許海會給你重新生活的勇氣。哎喲，快走吧，要不然又要跳車了。

第二十九景

旅客：　走啊，走啊，快走...

廣播員：　旅客同志們，四十五次列車現在開始剪票了，有買好四十五次車票的旅客，請準備剪票進站。旅客同志們，四十五次列車開始剪票了。旅客同志們請注意，買好四十五次車票的旅客請趕快剪票上車...

張同生：　快走吧！

女孩子：　嗯。

第二十八景

女孩子：　全都过去了，留下的只是像梦一样的回忆。

张同生：　这么说你是想去童年生活过的地方再看一看。

女孩子：　是的。去看看。

张同生：　那，看完之后又怎么办呢？

女孩子：　不知道，也许在曾经有过幸福的地方死去，也是一种幸福吧！

张同生：　嗨，你那么年轻就想到死？这也太悲观了。那位老师说的对，生活也像大海一样，虽然有时是不平静的，但总是美好的。

张同生：　美好的东西，绝不只是回忆里才有啊！我们都很年轻，才刚刚开始生活，只要有决心，就一定会有光明的前途。关键是对生活要有坚定的信念。

女孩子：　你说的都对，可现在我不回去。

张同生：　那，也好。那你就到海边去看看吧！也许海会给你重新生活的勇气。哎哟，快走吧，要不然又要跳车了。

第二十九景

旅客：　走啊，走啊，快走...

广播员：　旅客同志们，四十五次列车现在开始剪票了，有买好四十五次车票的旅客，请准备剪票进站。旅客同志们，四十五次列车开始剪票了。旅客同志们请注意，买好四十五次车票的旅客请赶快剪票上车...

张同生：　快走吧！

女孩子：　嗯。

第三十景

女孩子：　哼。

張同生：　你笑什麼？

女孩子：　你說多有意思？有的人你以爲他是好人，可偏偏是個壞人，有的人你以爲他是壞人，可又...

張同生：　這要看怎麼說了，也許未必。當然世界上總是好人多，對嗎？

女孩子：　那你能不能告訴我，你究竟是甚麼人？

張同生：　我？好人還是壞人？

女孩子：　嗯。

張同生：　這，可得由你來說了。

女孩子：　你可真會說話。

女孩子：　欸？你怎麼知道我是跑出來的？真是算出來的嗎？

張同生：　咳，你也不想一想，那怎麼可能呢？

女孩子：　那你是怎麼知道的？

張同生：　你的眼睛。人，只有眼睛才永遠不會說謊。

第三十一景

女孩子：　杜秋，杜秋。

杜秋：　欸？是你？哎呀！哎呀！原來你會說話呀！我還以爲你是啞巴呢。呵，呵，呵...

張同生：　杜秋！

杜秋：　哎呀！伙計！你到底來了。

張同生：　哈，哈，哈...

杜秋：　哎呀！來，咱們走吧！

張同生：　好，來，給我。

杜秋：　真有意思！我一猜呀！你們準是坐這趟車來。果不其然吧？

第三十景

女孩子： 哼。

张同生： 你笑什么？

女孩子： 你说多有意思？有的人你以为他是好人，可偏偏是个坏人，有的人你以为他是坏人，可又...

张同生： 这要看怎么说了，也许未必。当然世界上总是好人多，对吗？

女孩子： 那你能不能告诉我，你究竟是甚么人？

张同生： 我？好人还是坏人？

女孩子： 嗯。

张同生： 这，可得由你来说了。

女孩子： 你可真会说话。

女孩子： 欸？你怎么知道我是跑出来的？真是算出来的吗？

张同生： 咳，你也不想一想，那怎么可能呢？

女孩子： 那你是怎么知道的？

张同生： 你的眼睛。人，只有眼睛才永远不会说谎。

第三十一景

女孩子： 杜秋，杜秋。

杜秋： 欸？是你？哎呀！哎呀！原来你会说话呀！我还以为你是哑巴呢。呵，呵，呵...

张同生： 杜秋！

杜秋： 哎呀！伙计！你到底来了。

张同生： 哈，哈，哈...

杜秋： 哎呀！来，咱们走吧！

张同生： 好，来，给我。

杜秋： 真有意思！我一猜呀！你们准是坐这趟车来。果不其然吧？

啊？

女孩子： 真沒想到，你還會在這等着。

張同生： 我呀！還想到車站辦公室去問問我在車上的東西呢！

杜秋： 你看你，眼裡還有沒有老朋友啦？咱杜秋是那號人嗎？啊？

張同生： 哈，哈，哈...

女孩子： 哈，哈，哈...

廣播： 南京來的張同生同志請注意，南京來的張同生同志請注意，出站口東側的涼棚下有人等你。出站口東側的涼棚下有人等你。

第三十二景

女幹部： 是他們吧？欸，你...

男幹部： 欸？你們...

男幹部： 你們那位是張同生同志？

杜秋： 他就是。

張同生： 我就是啊！

男幹部： 啊，謝謝你啦！謝謝你啦！

女幹部： 小張同志，謝謝你啦！

男幹部： 我們兩個都是機床廠的。

女幹部： 對。

張同生： 你們來得可真快呀！

男幹部： 廠子裡正爲這事兒着急呢。

女幹部： 是啊。

男幹部： 一接到了你的電報，我們兩個就從北京坐飛機趕來了。

女幹部： 對。

女孩子： 你？

張同生： 你等一下，請你們廠裡來人，主要是想和你們談一談，她完全是無辜的。可你們這樣對待她。

女幹部： 欸，你快說呀！說呀！

啊？

女孩子：　真没想到，你还会在这等着。

张同生：　我呀！还想到车站办公室去问问我在车上的东西呢！

杜秋：　你看你，眼里还有没有老朋友啦？咱杜秋是那号人吗？啊？

张同生：　哈，哈，哈...

女孩子：　哈，哈，哈...

广播：　南京来的张同生同志请注意，南京来的张同生同志请注意，出站口东侧的凉棚下有人等你。出站口东侧的凉棚下有人等你。

第三十二景

女干部：　是他们吧？欸，你...

男干部：　欸？你们...

男干部：　你们那位是张同生同志？

杜秋：　他就是。

张同生：　我就是啊！

男干部：　啊，谢谢你啦！谢谢你啦！

女干部：　小张同志，谢谢你啦！

男干部：　我们两个都是机床厂的。

女干部：　对。

张同生：　你们来得可真快呀！

男干部：　厂子里正为这事儿着急呢。

女干部：　是啊。

男干部：　一接到了你的电报，我们两个就从北京坐飞机赶来了。

女干部：　对。

女孩子：　你？

张同生：　你等一下，请你们厂里来人，主要是想和你们谈一谈，她完全是无辜的。可你们这样对待她。

女干部：　欸，你快说呀！说呀！

男幹部：　我，我，你，你。

女幹部：　啊呀，小張同志，是這麼回事兒，她走了這幾天吶！我們把案子給搞清楚啦！

張同生：　哦。

女幹部：　純粹是那幫流氓們嫁禍於她。跟她一點兒關係也沒有，真是冤枉了人家。

男幹部：　是啊！這就好了。

女幹部：　哎！領導上派我們來，是向你來説明情況，另外讓我們兩個人吶，來接你一塊兒回去，啊。

男幹部：　你看這事兒鬧的實在是對不起。

女幹部：　信。

男幹部：　這是你爸爸的信。

女幹部：　對！

男幹部：　你已經到了這兒了，我看，就先玩兩天再説吧！

女幹部：　實在是對不起你！讓你受委屈啦！

張同生：　噢！對了，你不是還要到童年生活過的地方再看一看嗎？

杜秋：　我看這樣好，還是玩兒兩天再回去。你説呢？啊？

女孩子：　還是回去吧。

杜秋：　拿着吧！這是我們兩個給你買的。出門在外要多吃點兒好的，要加強營養啊！別像來時候那樣兒啊。

女孩子：　你就不能告訴我你究竟是甚麼人？

張同生：　我？好人還是壞人？

女孩子：　嗯！

張同生：　這，可得由你來説啦！

杜秋：　噢，該上車了。

女孩子：　我走了。

女孩子：　欸！給我留個地址吧！

杜秋：　啊？什麼？地址？哎呀！怎麼不早説呀！欸！書！書！書上有，再見！再見！

杜秋：　哎呀！壞了，壞了，打了好幾天交道，我們倆沒問問她姓什麼，叫什麼呢！

張同生：　吃吧！

男干部：　我，我，你，你。

女干部：　啊呀，小张同志，是这么回事儿，她走了这几天呐！我们把案子给搞清楚啦！

张同生：　哦。

女干部：　纯粹是那帮流氓们嫁祸於她。跟她一点儿关系也没有，真是冤枉了人家。

男干部：　是啊！这就好了。

女干部：　哎！领导上派我们来，是向你来说明情况，另外让我们两个人呐，来接你一块儿回去，啊。

男干部：　你看这事儿闹的实在是对不起。

女干部：　信。

男干部：　这是你爸爸的信。

女干部：　对！

男干部：　你已经到了这儿了，我看，就先玩两天再说吧！

女干部：　实在是对不起你！让你受委屈啦！

张同生：　噢！对了，你不是还要到童年生活过的地方再看一看吗？

杜秋：　我看这样好，还是玩儿两天再回去。你说呢？啊？

女孩子：　还是回去吧。

杜秋：　拿着吧！这是我们两个给你买的。出门在外要多吃点儿好的，要加强营养啊！别像来时候那样儿啊。

女孩子：　你就不能告诉我你究竟是甚么人？

张同生：　我？好人还是坏人？

女孩子：　嗯！

张同生：　这，可得由你来说啦！

杜秋：　噢，该上车了。

女孩子：　我走了。

女孩子：　欸！给我留个地址吧！

杜秋：　啊？什么？地址？哎呀！怎么不早说呀！欸！书！书！书上有，再见！再见！

杜秋：　哎呀！坏了，坏了，打了好几天交道，我们俩没问问她姓什么，叫什么呢！

张同生：　吃吧！

張同生：　這張牌是小人。

張同生：　也許是根據你特別需要別人的信任和了解。

張同生：　美好的東西絶不只是回憶裡才有啊。

張同生：　美好的東西絶不只是回憶裡才有啊。

劇終

❀

张同生：　这张牌是小人。

张同生：　也许是根据你特别需要别人的信任和了解。

张同生：　美好的东西绝不只是回忆里才有啊。

张同生：　美好的东西绝不只是回忆里才有啊。

剧终

❀

Part Two
Vocabulary List

第二部分
生詞及例句

陌生的朋友　生詞及例句

第一景

生詞

1	陌生	mòshēng	strange; unfamiliar 不太認識
2	各位	gèwèi	everybody (a term of address)
3	旅客	lǚkè	passengers 旅行的人
4	開往... 方面	kāiwǎng...fāngmiàn	heading for
＊5	福州	Fúzhōu	the capital city of Fujian province
＊6	列車	lièchē	train 火車
＊7	剪票	jiǎn piào	punch a ticket
＊8	剪票口	jiǎnpiào kǒu	gate where tickets are punched (when boarding a train or a bus)
9	換換手	huànhuan shǒu	to switch hands
＊10	欸	èi/ēi	exclamation (express agreement)
＊11	哎呀	āiyā	an expletive
＊12	同志	tóngzhì	comrade (a way of addressing a stranger in PRC)
13	跟... 打聽一下	gēn...dǎting yíxià	to inquire of...; to ask...about something 請問
14	然後... 就是	ránhòu...jiùshì	after that...it's
＊15	農貿市場	nóngmào shìchǎng	farmer's market
＊16	瓷器口	Cíqìkǒu	[name of a market]
＊17	自由集市	zìyóu jíshì	free market
＊18	九路	jiǔ lù	the number 9 bus; bus number 9
＊19	崇文門	Chóngwénmén	major district in Beijing by Chongwenmen
20	電車	diànchē	trolley
＊21	站牌子	zhàn páizi	bus stop sign

陌生的朋友　生词及例句

第一景

生词

1	陌生	mòshēng	strange; unfamiliar 不太认识
2	各位	gèwèi	everybody (a term of address)
3	旅客	lǚkè	passengers 旅行的人
4	开往... 方面	kāiwǎng...fāngmiàn	heading for
*5	福州	Fúzhōu	the capital city of Fujian province
*6	列车	lièchē	train 火车
*7	剪票	jiǎn piào	punch a ticket
*8	剪票口	jiǎnpiào kǒu	gate where tickets are punched (when boarding a train or a bus)
9	换换手	huànhuan shǒu	to switch hands
*10	欸	èi/ēi	exclamation (express agreement)
*11	哎呀	āiyā	an expletive
*12	同志	tóngzhì	comrade (a way of addressing a stranger in PRC)
13	跟... 打听 一下	gēn...dǎting yíxià	to inquire of...; to ask...about something 请问
14	然后... 就是	ránhòu...jiùshì	after that...it's
*15	农贸市场	nóngmào shìchǎng	farmer's market
*16	瓷器口	Cíqìkǒu	[name of a market]
*17	自由集市	zìyóu jíshì	free market
*18	九路	jiǔ lù	the number 9 bus; bus number 9
*19	崇文门	Chóngwénmén	major district in Beijing by Chongwenmen
20	电车	diànchē	trolley
*21	站牌子	zhàn páizi	bus stop sign

例句

1　我對這個城很陌生，甚麼地方都不認識。

2　父母常告訴他們的孩子：「別跟陌生的人說話」。

3　各位同學請注意！現在開始考試。

4　請問，這輛火車是開往南京的嗎？

5　A：　跟您打聽一下，火車站在那兒？
　B：　我也不知道，你最好跟那個人打聽打聽。
　A：　請問，火車站怎麼走？
　C：　你從這兒一直走，過兩條街然後再往右走就是了。
　A：　謝謝，謝謝。

第二景

生詞

＊1	杭州	Hángzhōu	the capital city of Zhejiang province
2	剛才	gāngcái	just a moment ago, just now
3	記住	jìzhu	to remember, not forget
4	經常	jīngcháng	often 常常
5	抽煙	chōu yān	to smoke cigarettes (lit.:to inhale-smoke)
＊6	嗯	m̀	exclamation (to express agreement)
7	不許	bùxǔ	not allow to
8	亂交朋友	luànjiāo péngyou	choose one's friends indiscriminately 交朋友很隨便
9	亂七八糟	luàn-qi-bā-zāo	in a big mess; rondam(ly); mess(ily)
10	出差	chū chāi	to go on a business trip
11	一趟	yítàng	measure word for trip 一次

例句

1　我对这个城很陌生，甚么地方都不认识。

2　父母常告诉他们的孩子：「别跟陌生的人说话」。

3　各位同学请注意！现在开始考试。

4　请问，这辆火车是开往南京的吗？

5　A:　跟您打听一下，火车站在那儿？
　B:　我也不知道，你最好跟那个人打听打听。
　A:　请问，火车站怎么走？
　C:　你从这儿一直走，过两条街然后再往右走就是了。
　A:　谢谢，谢谢。

第二景

生词

＊1	杭州	Hángzhōu	the capital city of Zhejiang province
2	刚才	gāngcái	just a moment ago, just now
3	记住	jìzhu	to remember, not forget
4	经常	jīngcháng	often 常常
5	抽烟	chōu yān	to smoke cigarettes (lit.:to inhale-smoke)
＊6	嗯	m̀	exclamation (to express agreement)
7	不许	bùxǔ	not allow to
8	乱交朋友	luànjiāo péngyou	choose one's friends indiscriminately 交朋友很随便
9	乱七八糟	luàn-qi-bā-zāo	in a big mess; rondam(ly); mess(ily)
10	出差	chū chāi	to go on a business trip
11	一趟	yítàng	measure word for trip 一次

12	認識	rènshi	to be acquainted; to recognize
13	一大群	yídà qún	a horde
14	見面熟	jiàn-miàn-shú	to become friends instantly, hit it off 一認識一個人就好像是老朋友
15	毛病	máobìng	bad habit; shortcomings
16	就	jiù	just; simply
17	改一改	gǎi-yi-gǎi	to change; alter
18	一定	yídìng	certainly; definitely; surely

例句

1 我剛才跟你說的話，別告訴別人。

2 A： 剛才學的生字，你記住了嗎？
B： 有的記住了，有的記不住。

3 他經常出差，差不多每星期一次。

4 杜太太不許他先生抽煙，亂交朋友。

5 我的屋子經常是亂七八糟的。

6 他一出差就認識一大群人。

7 “見面熟”不一定是毛病吧。

8 我的車不知道是什麼毛病不走了。

9 我寫的這封信，請您給我改一改。

10 你就不能不亂交朋友嗎？

11 不管你說什麼，我就是不要去。

12	认识	rènshi	to be acquainted; to recognize
13	一大群	yídà qún	a horde
14	见面熟	jiàn-miàn-shú	to become friends instantly, hit it off 一认识一个人就好像是老朋友
15	毛病	máobìng	bad habit; shortcomings
16	就	jiù	just; simply
17	改一改	gǎi-yi-gǎi	to change; alter
18	一定	yídìng	certainly; definitely; surely

例句

1 我刚才跟你说的话，别告诉别人。

2 A: 刚才学的生字，你记住了吗？
B: 有的记住了，有的记不住。

3 他经常出差，差不多每星期一次。

4 杜太太不许他先生抽烟，乱交朋友。

5 我的屋子经常是乱七八糟的。

6 他一出差就认识一大群人。

7 “见面熟”不一定是毛病吧。

8 我的车不知道是什么毛病不走了。

9 我写的这封信，请您给我改一改。

10 你就不能不乱交朋友吗？

11 不管你说什么，我就是不要去。

第三景

生詞

1	別	bié	negative imperative; don't...
2	勞駕	láojià	May I trouble you...
3	輕一點兒	qīng yìdiǎnr	be gentle; be careful
*4	怕壓	pà yā	fragile; cannot be crushed
5	面熟	miànshú	look familiar 好像認識
6	好像	hǎoxiàng	it seems; it appears; looks like
*7	演員	yǎn yuán	actor; actress
8	認錯人	rèncuò rén	to mistake a person for someone else
9	太巧了	tàiqiǎole	what a coincidence
10	碰上	pèng shang	run into; meet someone unexpectedly
*11	同路人	tóng-lù-rén	people traveling for the same destination
*12	臥舖	wòpù	berth in a sleeper car (on a train)
*13	章程	zhāngchéng	regulations
14	三分之一	sān fēn zhī yī	1/3
*15	歸	guī	belong to; turn over to
16	這樣一來	zhèi-yàng-yì-lái	thus
17	緊張	jǐnzhāng	in short supply; nervous; tight; tense
18	個人	gèrén	individual (person)
19	多少	duōshǎo	more or less; to some extent
*20	撈點兒	lāodiǎnr	to reap a small profit (lit.: to scoop a bit.)
*21	出門兒在外	chūménr-zàiwài	away from home
22	見面	jiàn miàn	to meet (someone)
*23	師傅	shīfu	master (of a skill or trade); polite address for a worker(driver, cook,

第三景

生词

1	别	bié	negative imperative; don't...
2	劳驾	láojià	May I trouble you...
3	轻一点儿	qīng yìdiǎnr	be gentle; be careful
＊4	怕压	pà yā	fragile; cannot be crushed
5	面熟	miànshú	look familiar 好像认识
6	好像	hǎoxiàng	it seems; it appears; looks like
＊7	演员	yǎn yuán	actor; actress
8	认错人	rèncuò rén	to mistake a person for someone else
9	太巧了	tàiqiǎole	what a coincidence
10	碰上	pèng shang	run into; meet someone unexpectedly
＊11	同路人	tóng-lù-rén	people traveling for the same destination
＊12	卧舖	wòpù	berth in a sleeper car (on a train)
＊13	章程	zhāngchéng	regulations
14	三分之一	sān fēn zhī yī	1/3
＊15	归	guī	belong to; turn over to
16	这样一来	zhèi-yàng-yì-lái	thus
17	紧张	jǐnzhāng	in short supply; nervous; tight; tense
18	个人	gèrén	individual (person)
19	多少	duōshǎo	more or less; to some extent
＊20	捞点儿	lāodiǎnr	to reap a small profit (lit.: to scoop a bit.)
＊21	出门儿在外	chūménr-zàiwài	away from home
22	见面	jiàn miàn	to meet (someone)
＊23	师傅	shīfu	master (of a skill or trade); polite address for a worker(driver, cook,

			or a stranger in PRC)
24	趕火車	gǎn huǒchē	to catch a train
25	自我介紹	zì-wǒ-jièshào	introduce oneself
＊26	追捕	zhuībǔ	‘Pursuit ’ [name of a movie]
＊27	主角兒	zhǔjuér	leading actor
＊28	杜秋	Dù Qiū	[name of a person]
29	趕	gǎn	to rush; to catch up with
30	和... 一樣	hé...yíyàng	same as 跟... 一樣
31	不過	búguò	however; but
32	從小	cóngxiǎo	from childhood; as a child
33	真要命	zhēn yàomíng	(colloquial) My God!
34	差點兒	chàdiǎnr	almost; nearly
35	趕不上	gǎn búshàng	unable to catch (a train or a bus); unable to catch up with someone
＊36	瞧	qiáo	to look (at); to see 看
37	大人	dàrén	adult; grownups
38	笑話	xiàohua	to laugh at; ridicule; a joke
39	往後站	wàng hòu zhàn	step to the back
40	危險	wēixiǎn	danger; dangerous
＊41	懸	xuán	(colloquial) dangerous
＊42	不要命	bú yào mìng	(colloquial) You want to kill yourself?

例句

1 你別說了，我早就知道了。

2 勞駕，請你幫我一點兒忙。

3 勞駕，讓我過去。

4 我從來沒演過電影。

5 他好像不認識我了。

			or a stranger in PRC)
24	赶火车	gǎn huǒchē	to catch a train
25	自我介绍	zì-wǒ-jièshào	introduce oneself
*26	追捕	zhuībǔ	‘Pursuit ’ [name of a movie]
*27	主角儿	zhǔjuér	leading actor
*28	<u>杜秋</u>	Dù Qiū	[name of a person]
29	赶	gǎn	to rush; to catch up with
30	和... 一样	hé...yíyàng	same as 跟... 一样
31	不过	búguò	however; but
32	从小	cóngxiǎo	from childhood; as a child
33	真要命	zhēn yàomìng	(colloquial) My God!
34	差点儿	chàdiǎnr	almost; nearly
35	赶不上	gǎn búshàng	unable to catch (a train or a bus); unable to catch up with someone
*36	瞧	qiáo	to look (at); to see 看
37	大人	dàrén	adult; grownups
38	笑话	xiàohua	to laugh at; ridicule; a joke
39	往后站	wàng hòu zhàn	step to the back
40	危险	wēixiān	danger; dangerous
*41	悬	xuán	(colloquial) dangerous
*42	不要命	bú yào mìng	(colloquial) You want to kill yourself?

例句

1 你别说了，我早就知道了。

2 劳驾，请你帮我一点儿忙。

3 劳驾，让我过去。

4 我从来没演过电影。

5 他好像不认识我了。

6 對不起，我認錯人了，我以爲你是我妹妹呢。

7 我正要去找你，沒想到在這兒碰見了，真太巧了。

8 他開車不小心，碰上了一棵大樹。

9 我們學校的章程上說上課的時候不許抽煙。

10 他父母死了以後錢都歸他了。

11 我們學校三分之一是男生，三分之二是女生。

12 我一說中國話就很緊張。

13 中國現在自己做電視了，所以電視沒以前那麼緊張了。

14 政府不應該管太多個人的事。

15 我真需要錢。請你多少給我一點兒錢，好不好？

16 我的英文不太好，可是多少懂一點兒。

17 <u>杜秋</u>一跟人見面就熟了，所以他太太說他是“見面熟”。

18 我得趕飛機，請開快點兒！

19 我這兩天在趕報告，忙得要命。

20 來，來，我們自我介紹一下，我姓<u>馬</u>，您呢？

21 我的姓和你一樣，可是名字不一樣。

22 我們好像在哪見過，不過我想不起來了。

6 对不起，我认错人了，我以为你是我妹妹呢。

7 我正要去找你，没想到在这儿碰见了，真太巧了。

8 他开车不小心，碰上了一棵大树。

9 我们学校的章程上说上课的时候不许抽烟。

10 他父母死了以后钱都归他了。

11 我们学校三分之一是男生，三分之二是女生。

12 我一说中国话就很紧张。

13 中国现在自己做电视了，所以电视没以前那么紧张了。

14 政府不应该管太多个人的事。

15 我真需要钱。请你多少给我一点儿钱，好不好？

16 我的英文不太好，可是多少懂一点儿。

17 杜秋一跟人见面就熟了，所以他太太说他是“见面熟”。

18 我得赶飞机，请开快点儿！

19 我这两天在赶报告，忙得要命。

20 来，来，我们自我介绍一下，我姓马，您呢？

21 我的姓和你一样，可是名字不一样。

22 我们好像在哪见过，不过我想不起来了。

23　那個演員從小就喜歡演電影兒。

24　你真要命，飛機快要起飛了，才想起來沒帶飛機票。

25　我差點兒忘了今天有考試。

26　我不敢說英文，怕說錯了別人笑話我。

26　那兩輛汽車，差點兒碰上了，真危險。

27　你不要命了，天天不吃飯不睡覺就念書。

第四景

生詞

＊1	寶貝	bǎobèi	treasure; precious object
2	值得	zhíde	to be of worth; be of value
3	跑來跑去	pǎo-lái-pǎo-qù	running back and forth
＊4	喔	ō	exclamation (oh)
＊5	戒煙糖	jiè yān táng	candy for quitting cigarettes
6	嚐嚐	chángcháng	to taste
7	開水	kāishuǐ	boiled water

例句

1　<u>中國</u>有很多值錢的寶貝。

2　你想外國話值得學嗎？

3　那隻狗在街上跑來跑去，很危險。

23 那个演员从小就喜欢演电影儿。

24 你真要命，飞机快要起飞了，才想起来没带飞机票。

25 我差点儿忘了今天有考试。

26 我不敢说英文，怕说错了别人笑话我。

26 那两辆汽车，差点儿碰上了，真危险。

27 你不要命了，天天不吃饭不睡觉就念书。

第四景

生词

*1	宝贝	bǎobèi	treasure; precious object
2	值得	zhíde	to be of worth; be of value
3	跑来跑去	pǎo-lái-pǎo-qù	running back and forth
*4	喔	ō	exclamation (oh)
*5	戒烟糖	jiè yān táng	candy for quitting cigarettes
6	尝尝	chángcháng	to taste
7	开水	kāishuǐ	boiled water

例句

1 中国有很多值钱的宝贝。

2 你想外国话值得学吗？

3 那只狗在街上跑来跑去，很危险。

4 他說來說去，我還是不懂他的意思。

5 這是我做的菜請你嚐嚐好不好吃。

6 把水燒開了以後，叫“開水”，開水冷了以後叫“冷開水”。

第五景

生詞

1	讓... 吧	ràng...ba	let...
2	埋怨	mányuàn	to blame; to complain
3	如果... 的話	rúguǒ...de huà	if...; in case
4	原諒	yuánliàng	to forgive
5	落實政策	luòshí zhèngcè	to implement an official policy

例句

1 讓他做這件事吧！

2 讓過去的事過去吧，不要再想了。

3 如果是我不對，我不埋怨別人。

4 孩子做錯了事父母會原諒他們的。

5 中國實行落實政策以後，很多人很高興。

6 你想這個政策會不會落實？

7 只要你用功不再像以前一樣不上課，就還是好學生。

4 他说来说去，我还是不懂他的意思。

5 这是我做的菜请你尝尝好不好吃。

6 把水烧开了以后，叫“开水”，开水冷了以后叫“冷开水”。

第五景

生词

1	让... 吧	ràng...ba	let...
2	埋怨	mányuàn	to blame; to complain
3	如果... 的话	rúguǒ...de huà	if...; in case
4	原谅	yuánliàng	to forgive
5	落实政策	luòshí zhèngcè	to implement an official policy

例句

1 让他做这件事吧！

2 让过去的事过去吧，不要再想了。

3 如果是我不对，我不埋怨别人。

4 孩子做错了事父母会原谅他们的。

5 中国实行落实政策以后，很多人很高兴。

6 你想这个政策会不会落实？

7 只要你用功不再像以前一样不上课，就还是好学生。

第六景

生詞

1	讓讓	ràngrang	make way; Excuse me!
2	馬上	mǎshàng	immediately; at once
＊3	天津	Tiānjīn	[a city in China]
4	提前	tíqián	ahead of time; in advance; move up (a date)
5	找座位	zhǎo zuòwei	looking for a seat
6	包子	bāozi	steamed stuffed bun
7	兩袋兒	liǎng dàir	two bags
＊8	餐券	cānquàn/cānjuàn	ticket for getting food

例句

1 勞駕，請讓讓！

2 火車馬上就要開了，請快上車。

3 請您給這位老人找個座兒。

4 我們本來是星期三考試，可以提前到星期二嗎？

5 A: 你有沒有吃過包子？
B: 沒吃過。你到中國城去給我買兩袋兒好嗎？
C: 沒問題。

第七景

生詞

第六景

生词

1	让让	ràngrang	make way; Excuse me!
2	马上	mǎshàng	immediately; at once
*3	天津	Tiānjīn	[a city in China]
4	提前	tíqián	ahead of time; in advance; move up (a date)
5	找座位	zhǎo zuòwei	looking for a seat
6	包子	bāozi	steamed stuffed bun
7	两袋儿	liǎng dàir	two bags
*8	餐券	cānquàn/cānjuàn	ticket for getting food

例句

1 劳驾，请让让！

2 火车马上就要开了，请快上车。

3 请您给这位老人找个座儿。

4 我们本来是星期三考试，可以提前到星期二吗？

5 A: 你有没有吃过包子？
B: 没吃过。你到中国城去给我买两袋儿好吗？
C: 没问题。

第七景

生词

＊1	廠裡	chǎngli	in the factory
＊2	案子	ànzi	case
＊3	幹的	gànde	did it 做的
4	不是爲了	búshi wèile	not for the purpose of
＊5	大夥兒	dàhuǒr	(colloquial) everybody 我們大家
＊6	挺	tǐng	very; 很
7	受罪	shòuzuì	suffer; miserable; be subject to hardship, torture, etc.
＊8	這一招	zhèi-yì-zhāo	(colloquial) this trick; this move
＊9	做絕了	zuò juéle	ingenious; extremely clever
10	甭	béng	don't; no need to (contraction of不用)
＊11	保衛科	bǎowèi ké	public security
12	就是... 也	jiùshi...yě	even if...anyway
＊13	公安局	gōng'ān jú	police bureau
14	懷疑	huáiyí	to suspect; doubt 不相信
＊15	給抬了	gěi táile	to tell on; betray
16	相信	xiāngxìn	to believe
17	讓你	ràng nǐ	to let you
18	白	bái	in vain; for nothing; no purpose
＊19	白背個黑鍋	bái-bēi-ge-hēi-guó	(colloquial) to take the blame for someone else's wrong doing for nothing

例句

1 那個女孩子在一個工廠做事。

2 我學中文不是爲了看書，是爲了跟中國人說話。

3 他因爲小時候父母就死了，所以受了不少罪。

4 甭相信他說的話。

＊1	厂里	chǎnglǐ	in the factory
＊2	案子	ànzi	case
＊3	干的	gànde	did it 做的
4	不是为了	búshi wèile	not for the purpose of
＊5	大夥儿	dàhuǒr	(colloquial) everybody 我们大家
＊6	挺	tǐng	very; 很
7	受罪	shòuzuì	suffer; miserable; be subject to hardship, torture, etc.
＊8	这一招	zhèi-yì-zhāo	(colloquial) this trick; this move
＊9	做绝了	zuò juéle	ingenious; extremely clever
10	甭	béng	don't; no need to (contraction of不用)
＊11	保卫科	bǎowèi kē	public security
12	就是... 也	jiùshi...yě	even if...anyway
＊13	公安局	gōng'ān jú	police bureau
14	怀疑	huáiyí	to suspect; doubt 不相信
＊15	给抬了	gěi táile	to tell on; betray
16	相信	xiāngxìn	to believe
17	让你	ràng nǐ	to let you
18	白	bái	in vain; for nothing; no purpose
＊19	白背个黑锅	bái-bèi-ge-hēi-guō	(colloquial) to take the blame for someone else's wrong doing for nothing

例句

1 那个女孩子在一个工厂做事。

2 我学中文不是为了看书，是为了跟中国人说话。

3 他因为小时候父母就死了，所以受了不少罪。

4 甭相信他说的话。

5 甭說是美國人就是中國人也不認識那個中國字。

6 就是我有錢，我也不會買那麼貴的汽車。

7 我們不應該老懷疑他，應該相信他。

第八景

生詞

1	真靈	zhēn líng	really accurate; effctive; dexterous
2	對象	duìxiàng	prospective marriage partner; object earmarked for a purpose (usually referring to animate objects)
＊3	小兩口兒	xiǎo-liǎng-kǒur	young couple
4	和和氣氣	hé-hé-qì-qì	friendly; amiable 很和氣
5	過日子	guò rìzi	to live one's life
6	特別	tèbié	especially; special
7	聽話	tīnghuà	obedient; docile
＊8	靈活掌握	línghuó zhǎngwò	approach flexibly
9	至於	zhìyú	as to; as for
＊10	好樣兒	hǎoyàngr	(colloquial) great! (in praising a person)
11	簡單	jiǎndān	simple

例句

1 這個藥真靈，一吃病就好了。

2 他已經有對象了，馬上就要結婚了。

3 一家人要想和和氣氣的過日子，就得客客氣氣的。

5 甭说是美国人就是中国人也不认识那个中国字。

6 就是我有钱，我也不会买那么贵的汽车。

7 我们不应该老怀疑他，应该相信他。

第八景

生词

1	真灵	zhēn líng	really accurate; effctive; dexterous
2	对象	duìxiàng	prospective marriage partner; object earmarked for a purpose (usually referring to animate objects)
＊3	小两口儿	xiǎo-liǎng-kǒur	young couple
4	和和气气	hé-hé-qì-qì	friendly; amiable 很和气
5	过日子	guò rìzi	to live one's life
6	特别	tèbié	especially; special
7	听话	tīnghuà	obedient; docile
＊8	灵活掌握	línghuó zhǎngwò	approach flexibly
9	至于	zhìyú	as to; as for
＊10	好样儿	hǎoyàngr	(colloquial) great! (in praising a person)
11	简单	jiǎndān	simple

例句

1 这个药真灵，一吃病就好了。

2 他已经有对象了，马上就要结婚了。

3 一家人要想和和气气的过日子，就得客客气气的。

4　我特別喜歡吃法國飯，你呢？

5　我已經告訴他了，至於他信不信那我就不知道了。

6　我們好像在什麼地方見過。

7　這麼難的字你一學就會，真不簡單。

第九景

生詞

＊1	交代	jiāodài	to confess; confession; explain oneself; to hand over to somebody
2	各有各的	gè-yǒu-gè-de	each has his/her own 每一個有每一個的
3	帳	zhàng	debt
4	出事	chūshì	have a mishap; have an accident
5	往... 身上推	wàng...shēnshang tuī	push (the blame) onto someone else
6	到底	dàodǐ	after all; finally; really
7	痛快	tòngkuai	to be frank; happy
8	老實	lǎoshí	honest; frank
＊9	人證	rén zhèng	personal testimony
＊10	物證	wù zhèng	material evidence
11	給... 機會	gěi...jīhui	to give...opportunity
12	坦白	tǎnbái	to confess; frank
＊13	拿你沒辦法	ná nǐ méi bànfa	have no way of dealing with you
＊14	派出所	pàichu suǒ	local police station
＊15	居委會	jǔwěi huì	neighborhood committee
＊16	待業青年	dàiyè qīngnián	a term used in PRC for

4 我特别喜欢吃法国饭，你呢？

5 我已经告诉他了，至于他信不信那我就不知道了。

6 我们好像在什么地方见过。

7 这么难的字你一学就会，真不简单。

第九景

生词

＊1	交代	jiāodài	to confess; confession; explain oneself; to hand over to somebody
2	各有各的	gè-yǒu-gè-de	each has his/her own 每一个有每一个的
3	帐	zhàng	debt
4	出事	chūshì	have a mishap; have an accident
5	往... 身上推	wàng...shēnshang tuī	push (the blame) onto someone else
6	到底	dàodǐ	after all; finally; really
7	痛快	tòngkuai	to be frank; happy
8	老实	lǎoshí	honest; frank
＊9	人证	rén zhèng	personal testimony
＊10	物证	wù zhèng	material evidence
11	给... 机会	gěi...jīhui	to give...opportunity
12	坦白	tǎnbái	to confess; frank
＊13	拿你没办法	ná nǐ méi bànfa	have no way of dealing with you
＊14	派出所	pàichu suǒ	local police station
＊15	居委会	jūwěi huì	neighborhood committee
＊16	待业青年	dàiyè qīngnián	a term used in PRC for

			unemployed youth; (lit.: youth waiting for work)
17	安排	ānpái	to arrange; to take care of
18	首先	shǒuxiān	first
19	對得起	duì-de-qǐ	live up to other's expectations
20	明白	míngbai	understand; obvious; clear
＊21	二進宮	èr-jìn-gōng	go to jail for the second time; "enter the palace for the second time" (the title of a Chinese opera)

例句

1 我們幾個人各有各的問題。

2 你欠別人的帳得早點兒還。

3 他到底出了什麼事，你快說啊！

4 做錯了事別往別人身上推。

5 A: 你要不要跟我結婚，痛快點兒說啊！
B: 好，我痛快地說吧，我不能跟你結婚了，因爲我已經跟別人結婚了。

6 我再給你一次坦白的機會，你最好趕快說實話。

7 你不要以爲你是有錢的人，我就拿你沒辦法。

8 有了工作就應該好好的做。你知道現在找事多不容易啊！

9 A: 那麼多待業青年爲甚麼工廠首先給你安排了工作？
B: 因爲我走了“後門”。

10 你做這樣的壞事真對不起你父母。

			unemployed youth; (lit.: youth waiting for work)
17	安排	ānpái	to arrange; to take care of
18	首先	shóuxiān	first
19	对得起	duì-de-qǐ	live up to other's expectations
20	明白	míngbai	understand; obvious; clear
＊21	二进宫	èr-jìn-gōng	go to jail for the second time; "enter the palace for the second time" (the title of a Chinese opera)

例句

1 我们几个人各有各的问题。

2 你欠别人的帐得早点儿还。

3 他到底出了什么事，你快说啊！

4 做错了事别往别人身上推。

5 A: 你要不要跟我结婚，痛快点儿说啊！
  B: 好，我痛快地说吧，我不能跟你结婚了，因为我已经跟别人结婚了。

6 我再给你一次坦白的机会，你最好赶快说实话。

7 你不要以为你是有钱的人，我就拿你没办法。

8 有了工作就应该好好的做。你知道现在找事多不容易啊！

9 A: 那么多待业青年为甚么工厂首先给你安排了工作？
  B: 因为我走了“后门”。

10 你做这样的坏事真对不起你父母。

11 如果你不願意在飯館吃飯，就只好在家吃了。

12 你要明白誰是你的朋友，誰不是你的朋友。

第十景

生詞

1	晚餐	wǎncān	supper 晚飯
2	供應	gōngyìng	to supply; to provide
＊3	盒飯	héfàn	boxed meal
4	用餐	yòngcān	to eat 吃飯
5	零錢	língqián	small change; pocket money
＊6	加強營養	jiāqiáng yíngyǎng	to increase one's nutrition
7	德州	Dézhōu	[a city in Shandong province]
＊8	燒雞	shāojī	roast chicken
＊9	西瓜	xīguā	watermelon

例句

1 火車上供應晚餐嗎？

2 我可以跟你換點兒零錢嗎？

3 你父母每月給你多少零錢用？

4 我應該加強學習中文。

5 他小時候營養不好，所以現在身體不好。

6 他老喜歡買名貴的東西。

11 如果你不愿意在饭馆吃饭，就只好在家吃了。

12 你要明白谁是你的朋友，谁不是你的朋友。

第十景

生词

1	晚餐	wǎncān	supper 晚饭
2	供应	gōngyìng	to supply; to provide
✳3	盒饭	héfàn	boxed meal
4	用餐	yòngcān	to eat 吃饭
5	零钱	língqián	small change; pocket money
✳6	加强营养	jiāqiáng yíngyǎng	to increase one's nutrition
7	德州	Dézhōu	[a city in Shandong province]
✳8	烧鸡	shāojī	roast chicken
✳9	西瓜	xīguā	watermelon

例句

1 火车上供应晚餐吗？

2 我可以跟你换点儿零钱吗？

3 你父母每月给你多少零钱用？

4 我应该加强学习中文。

5 他小时候营养不好，所以现在身体不好。

6 他老喜欢买名贵的东西。

第十一景

生詞

1	別擠	biéjǐ	don't push; don't crowd
＊2	够個兒	gòugèr	(colloquial) big enough 真大
3	搶	qiǎng	to compete with others to get something; to grab; to rob

例句

1 別擠！別擠！慢慢兒上。

2 東西不够所以大家都搶着買。

3 那個壞人正在搶別人的東西。

第十二景

生詞

＊1	消消食	xiāoxiao shí	to help one's digestion
＊2	消毒	xiāodú	to sterilize
3	保證	bǎozhèng	to guarantee
4	衛生	wèishēng	sanitary; hygiene
＊5	阿姨	āyí	aunt; [a form of address used by a child for any woman one generation his/her senior]

第十一景

生词

1	别挤	biéjǐ	don't push; don't crowd
＊2	够个儿	gòugèr	(colloquial) big enough 真大
3	抢	qiǎng	to compete with others to get something; to grab; to rob

例句

1 别挤！别挤！慢慢儿上。

2 东西不够所以大家都抢着买。

3 那个坏人正在抢别人的东西。

第十二景

生词

＊1	消消食	xiāoxiāo shí	to help one's digestion
＊2	消毒	xiāodú	to sterilize
3	保证	bǎozhèng	to guarantee
4	卫生	wèishēng	sanitary; hygiene
＊5	阿姨	āyí	aunt; [a form of address used by a child for any woman one generation his/her senior]

*6	梨	lí	pear
7	探親	tànqīn	make a trip to visit relatives
8	幹什麼	gàn shénme	what are you doing ; what in the world...做什麼
9	鴨子	yāzi	duck

例句

1 吃飯以後吃水果可以消消食。

2 這個杯子已經消過毒了，很乾淨。

3 我保證這個飯館兒的菜不但好吃而且衛生。

4 A: 你到福州去幹什麼？
B: 去探親，我母親在那兒。

5 A: 你喜歡吃北京烤鴨嗎？
B: 還沒吃過。

第十三景

生詞

1	永遠	yǒngyuǎn	always; forever
*2	抬抬脚	táitai jiǎo	to lift (your) feet
*3	撲克牌	pūkè pái	porker, has become generic for playing cards 打撲克牌
4	代表	dàibiǎo	to stand for; to represent; representative
*5	妻子	qīzi	wife 太太
6	倆	liǎ	two 兩個
7	感情	gǎnqíng	feelings; sentiments; love

*6　梨　lí　pear
7　探亲　tànqīn　make a trip to visit relatives
8　干什么　gàn shénme　what are you doing ; what in the world...做什么
9　鸭子　yāzi　duck

例句

1　吃饭以后吃水果可以消消食。

2　这个杯子已经消过毒了，很干净。

3　我保证这个饭馆儿的菜不但好吃而且卫生。

4　A:　你到福州去干什么？
　B:　去探亲，我母亲在那儿。

5　A:　你喜欢吃北京烤鸭吗？
　B:　还没吃过。

第十三景

生词

1　永远　yǒngyuǎn　always; forever
*2　抬抬脚　táitái jiǎo　to lift (your) feet
*3　扑克牌　pūkè pái　porker, has become generic for playing cards 打扑克牌
4　代表　dàibiǎo　to stand for; to represent; representative
*5　妻子　qīzi　wife　太太
6　俩　liǎ　two 两个
7　感情　gǎnqíng　feelings; sentiments; love

8	深	shēn	profound; deep
9	體貼	títiē	show consideration for; thoughtful toward someone
10	覺得	juéde	feel
11	幸福	xìngfú	happy; happiness
*12	哥們兒	gēmenr	(colloquial) buddy; close (as friends)
*13	太神了	tàishénle	unbelievable; fantastic
*14	我那口子	wǒ nèi kǒuzi	(colloquial) my husband or wife
15	脾氣	píqì	temperament; disposition
16	總是	zǒngshì	always 老是
*17	頓	dùn	a measure word for a meal
*18	恨不得	hènbudé	wish very much to
*19	泡	pào	to soak in
*20	藥水	yàoshuǐ	ethyl alcohol; liquid medicine
21	講究	jiǎngjiu	very particular about
22	以 ... 爲光榮	yǐ... wéi guāngróng	take... as an honor; take pride in something
23	新社會	xīnshèhuì	new society; (in PRC means "China after 1949")
24	滿意	mǎnyì	content; satisfied
25	掙	zhèng	to earn
26	另外	lìngwài	in addition
*27	發點小財	fā diǎn xiǎo cái	make a small fortune
*28	提薪	tíxīn	a raise (in salary)
*29	一人來了一級	yìrén láile yìjí	each one (of us) moved up in rank
*30	補	bǔ	to add; to increase
*31	太絕了	tàijuéle	marvelous; extraordinary
*32	卦	guà	divination; divine
*33	不靈	bùlíng	not accurate; not effective
*34	見好就收	jiàn-hǎo-jiù-shōu	quit while the going is good
*35	抬抬牌	táitái pái	to cut the cards
36	不太好說	bútài-hǎoshuō	not in a position to say

8	深	shēn	profound; deep
9	体贴	tǐtiē	show consideration for; thoughtful toward someone
10	觉得	juéde	feel
11	幸福	xìngfú	happy; happiness
✳12	哥们儿	gēmenr	(colloquial) buddy; close (as friends)
✳13	太神了	tàishénle	unbelievable; fantastic
✳14	我那口子	wǒ nèi kǒuzi	(colloquial) my husband or wife
15	脾气	píqì	temperament; disposition
16	总是	zǒngshì	always 老是
✳17	顿	dùn	a measure word for a meal
✳18	恨不得	hènbudé	wish very much to
✳19	泡	pào	to soak in
✳20	药水	yàoshuǐ	ethyl alcohol; liquid medicine
21	讲究	jiǎngjiu	very particular about
22	以 ... 为光荣	yǐ... wéi guāngróng	take... as an honor; take pride in something
23	新社会	xīnshèhuì	new society; (in PRC means "China after 1949")
24	满意	mányì	content; satisfied
25	挣	zhèng	to earn
26	另外	lìngwài	in addition
✳27	发点小财	fā diǎn xiǎo cái	make a small fortune
✳28	提薪	tíxīn	a raise (in salary)
✳29	一人来了一级	yírén láile yìjí	each one (of us) moved up in rank
✳30	补	bǔ	to add; to increase
✳31	太绝了	tàijuéle	marvelous; extraordinary
✳32	卦	guà	divination; divine
✳33	不灵	bùlíng	not accurate; not effective
✳34	见好就收	jiàn-hǎo-jiù-shōu	quit while the going is good
✳35	抬抬牌	táitái pái	to cut the cards
36	不太好说	bútài-hǎoshuō	not in a position to say

37	鬧着玩兒的	nào-zhe-wánr-de	just for fun; just kidding
38	遇到	yùdao	to encounter; run into 碰到
39	順心	shùnxīn	as one wishes; satisfactory
＊40	小人	xiǎorén	a "petty" person
＊41	犯小人	fàn xiǎorén	fated to be troubled by some devious person
＊42	流年不利	liú-nián-bú-lì	an unlucky year
43	背後	bèihòu	behind somebody's back; in the back
＊44	嘀嘀咕咕的	dī-dī-gū-gū-de	have misgivings about something; murmur; grumble about
45	群眾關係	qúnzhòng guānxi	relation with subordinates, ordinary people
46	領導	lǐngdǎo	leader; to lead
47	不對勁兒	bú duìjìnr	awkward, not right
＊48	大力協助	dàlì xiézhù	give full support
49	開展	kāizhǎn	to launch; to carry out
＊50	紅旗車廂	hóngqí chēxiāng	Red-flag Coach
＊51	競賽	jìngsài	to compete; contest
52	通過	tōngguò	to pass; go through
53	檢查	jiǎnchá	to check; to examine
＊54	評比	píngbǐ	to judge; to review; evaluation
55	被評爲	bèi píng wéi	be/was judged as

例句

1 我永遠愛你。

2 他永遠不要離開家。

3 送花兒給女朋友代表什麼？

4 各國代表都來了。請你代表我去開會好不好？

37	闹着玩儿的	nào-zhe-wánr-de	just for fun; just kidding
38	遇到	yùdao	to encounter; run into 碰到
39	顺心	shùnxīn	as one wishes; satisfactory
＊40	小人	xiǎorén	a "petty" person
＊41	犯小人	fàn xiǎorén	fated to be troubled by some devious person
＊42	流年不利	liú-nián-bú-lì	an unlucky year
43	背后	bèihòu	behind somebody's back; in the back
＊44	嘀嘀咕咕的	dī-dī-gū-gū-de	have misgivings about something; murmur; grumble about
45	群众关系	qúnzhòng guānxi	relation with subordinates, ordinary people
46	领导	lǐngdǎo	leader; to lead
47	不对劲儿	bú duìjìnr	awkward, not right
＊48	大力协助	dàlì xiézhù	give full support
49	开展	kāizhǎn	to launch; to carry out
＊50	红旗车厢	hóngqí chēxiāng	Red-flag Coach
＊51	竞赛	jìngsài	to compete; contest
52	通过	tōngguò	to pass; go through
53	检查	jiǎnchá	to check; to examine
＊54	评比	píngbǐ	to judge; to review; evaluation
55	被评为	bèi píng wéi	be/was judged as

例句

1 我永远爱你。

2 他永远不要离开家。

3 送花儿给女朋友代表什么？

4 各国代表都来了。请你代表我去开会好不好？

5 從他們的樣子看來好像是剛結婚不久。

6 他們的感情很好，所以覺得很幸福。

6 她不太體貼她先生，常找他的麻煩。

8 你可真神了，你怎麼會知道我怕太太？

9 你說實話，沒關係，我不會生氣的。

10 他們倆什麼都一樣，就是脾氣不一樣。

11 睡覺以前最好不要吃東西。

12 我恨不得馬上就能到中國去。

13 這個東西不乾淨，一定得消毒以後才能用。

14 我父親很講究吃，不好的東西他不吃。

15 父母總以孩子考的好爲光榮。

16 現在不但男的可以在社會上工作，女的也可以了。

17 A: 你對你的工作有興趣嗎？
B: 不是太滿意，不過還可以。
A: 你每月掙多少錢？
B: 不算多，不過最近發點兒小財所以够用了。

17 A: 這卦不好，再另外算一卦。
b: 不行，不行，卦多了就不靈了。

18 A: 對不起。
B: 沒事兒。

5 从他们的样子看来好像是刚结婚不久。

6 他们的感情很好，所以觉得很幸福。

6 她不太体贴她先生，常找他的麻烦。

8 你可真神了，你怎么会知道我怕太太？

9 你说实话，没关系，我不会生气的。

10 他们俩什么都一样，就是脾气不一样。

11 睡觉以前最好不要吃东西。

12 我恨不得马上就能到中国去。

13 这个东西不干净，一定得消毒以后才能用。

14 我父亲很讲究吃，不好的东西他不吃。

15 父母总以孩子考的好为光荣。

16 现在不但男的可以在社会上工作，女的也可以了。

17 A: 你对你的工作有兴趣吗？
B: 不是太满意，不过还可以。
A: 你每月挣多少钱？
B: 不算多，不过最近发点儿小财所以够用了。

17 A: 这卦不好，再另外算一卦。
b: 不行，不行，卦多了就不灵了。

18 A: 对不起。
B: 没事儿。

19 那個人真是一個小人常在背後説別人壞話。

20 在中國要是你跟領導不對勁兒就別想有好日子過。

21 他的群眾關係很好，所以首先出國了。

22 在大家的大力協助下，中文系開展了一個説中國話的競賽。

23 通過大家的評比，小王得了第一名。

第十四景

生詞

1	停	tíng	halt,stop
＊2	剛發	gāng fā	just awarded; just issued
＊3	流動	liúdòng	circulate; mobile
4	收了	shōule	take it back (same as 收回去了)
＊5	貧嘴	pínzuǐ	(derogatory) garrulous; sharp tongued
＊6	犯	fàn	to offend the law; to commit (an error)
＊7	作案	zuò àn	to commit a crime
＊8	唄	bei	sentence final particle (express something that is obvious)
9	吹了	chuīle	to break off (a relationship, a deal)
＊10	這號人	zhèihào rén	(derogatory) this kind of a person/ people
＊11	機伶	jīling	clever; smart; quick-witted 很聰明
＊12	姑娘	gūniang	young unmarried woman 女孩子
13	怪可惜	guài kěxī	really a pity; really a shame
＊14	麻袋上繡	mádàishang xiù	(proverb) "to do embroidery on a

19 那个人真是一个小人常在背后说别人坏话。

20 在中国要是你跟领导不对劲儿就别想有好日子过。

21 他的群众关系很好，所以首先出国了。

22 在大家的大力协助下，中文系开展了一个说中国话的竞赛。

23 通过大家的评比，小王得了第一名。

第十四景

生词

1	停	tíng	halt,stop
*2	刚发	gāng fā	just awarded; just issued
*3	流动	liúdòng	circulate; mobile
4	收了	shōule	take it back (same as 收回去了)
*5	贫嘴	pínzuǐ	(derogatory) garrulous; sharp tongued
*6	犯	fàn	to offend the law; to commit (an error)
*7	作案	zuò àn	to commit a crime
*8	呗	bei	sentence final particle (express something that is obvious)
9	吹了	chuīle	to break off (a relationship, a deal)
*10	这号人	zhèihào rén	(derogatory) this kind of a person/ people
*11	机伶	jīling	clever; smart; quick-witted 很聪明
*12	姑娘	gūniang	young unmarried woman 女孩子
13	怪可惜	guài kěxī	really a pity; really a shame
*14	麻袋上绣	mádàishang xiù	(proverb) "to do embroidery on a

花--- 底子	huā---dízi	burlap sack" -- the foundation
太差	tàichà	(background) is not good or social status is poor 家庭背景不好

例句

1 別走，停一下，我有事要跟你說。

2 昨天剛發的錢，怎麼今天就用完了？

3 那個學生又犯了不上課的毛病。真可惜。

4 他改的不錯了，一天就抽兩枝煙了。

5 他一聽說我已經有對象了，就不請我吃飯了。

6 那個孩子很機靈，很會做事。

第十五景

生詞

*1	爹	diē	dad 父親；爸爸
2	麻煩	máfan	bother; trouble
3	佔個座兒	zhànge zuòr	to occupy/save a seat

例句

1 麻煩你把那個東西給我。

2 這件事真麻煩極了。

	花--- 底子	huā---dǐzi	burlap sack" -- the foundation
	太差	tàichà	(background) is not good or social status is poor 家庭背景不好

例句

1 别走，停一下，我有事要跟你说。

2 昨天刚发的钱，怎么今天就用完了？

3 那个学生又犯了不上课的毛病。真可惜。

4 他改的不错了，一天就抽两枝烟了。

5 他一听说我已经有对象了，就不请我吃饭了。

6 那个孩子很机灵，很会做事。

第十九景

生词

*1	爹	diē	dad 父亲；爸爸
2	麻烦	máfan	bother; trouble
3	占个座儿	zhànge zuòr	to occupy/save a seat

例句

1 麻烦你把那个东西给我。

2 这件事真麻烦极了。

3 請你先上車給我佔個座兒。

4 A: 你下車的時候，叫我一聲。
B: 好，沒問題。

第十六景

生詞

＊1	徐州	Xúzhōu	[a city in Jiangsu province]
2	保重	bǎozhòng	Take care of yourself
3	放心	fàngxīn	Don't worry; set one's mind at rest

例句

1 出門在外，要多保重！

2 A: 請保重身體。
B: 你放心，我一定會注意身體的。

第十七景

生詞

1	人家	rénjia	other people, somebody else, they, he/she, I (This word, with the exclusion of the 2nd person "you", represent(s) person(s), specific or generalized, singular or plural; the exact meaning in the sentence must be judged by its context.)
＊2	老大爺	lǎodàyé	respectful form of address for an old man 老先生

3　请你先上车给我占个座儿。

4　A:　你下车的时候，叫我一声。
　 B:　好，没问题。

第十六景

生词

*1	徐州	Xúzhōu	[a city in Jiangsu province]
2	保重	bǎozhòng	Take care of yourself
3	放心	fàngxīn	Don't worry; set one's mind at rest

例句

1　出门在外，要多保重！

2　A:　请保重身体。
　 B:　你放心，我一定会注意身体的。

第十七景

生词

1	人家	rénjia	other people, somebody else, they, he/she, I (This word, with the exclusion of the 2nd person "you", represent(s) person(s), specific or generalized, singular or plural; the exact meaning in the sentence must be judged by its context.)
*2	老大爷	lǎodàyé	respectful form of address for an old man 老先生

3	不講理	bù jiǎnglǐ	unreasonable
4	明明	míngmíng	obviously; clearly
*5	憑什麼	píng shénme	on what basis; why
*6	楞	lèng	(colloquial) reckless; rash
*7	他媽的！	tāmāde!	(swear) God damn it
*8	他媽管得着嗎？	támā guǎnde zháo ma?	(swear) It's none of your goddamned business
9	業餘	yèyú	amateur
10	華僑	huáqiáo	overseas Chinese
11	業餘華僑	yèyú huáqiáo	a term used in PRC refer to a person imitates Westerner/overseas Chinese
12	法治	fǎzhì	governed by law; ruled by law
13	搶佔	qiǎngzhàn	to occupy by force
14	擾亂	rǎoluàn	to disturb
15	秩序	zhìxu	order
16	怎麼着！	zěnmezhe!	What about it!
*17	少來這套	shǎo-lái-zhèi-tào	(colloquial) Don't give me that!
18	罵人	màrén	to curse (someone)
*19	揍人	zòu rén	to beat somebody 打人
*20	蠻	mán	rough, reckless 野蠻
21	原來	yuánlái	Oh, I see; originally; in fact
22	帶走	dàizǒu	take (him) away
23	教訓	jiàoxùn	to teach somebody a lesson
24	故意	gùyì	deliberately; purposely
25	搗亂	dǎoluàn	to make trouble
26	這下	zhèixià	now 這一下
*27	鬧騰的	nàoténg de	(colloquial) as a result of disturbances
*28	淨	jìng	nothing but; only
*29	這種貨	zhèizhǒng huò	(derogatory) this kind of a product or a person 這種東西
*30	那勁兒	nèi jìnr	that manner; that air 那個樣子

3	不讲理	bù jiǎnglǐ	unreasonable
4	明明	míngmíng	obviously; clearly
*5	凭什么	píng shenme	on what basis; why
*6	愣	lèng	(colloquial) reckless; rash
*7	他妈的！	tāmāde!	(swear) God damn it
*8	他妈管得着吗？	tāmā guǎnde zháo ma?	(swear) It's none of your goddamned business
9	业余	yèyú	amateur
10	华侨	huáqiáo	overseas Chinese
11	业余华侨	yèyú huáqiáo	a term used in PRC refer to a person imitates Westerner/overseas Chinese
12	法治	fázhì	governed by law; ruled by law
13	抢占	qiǎngzhàn	to occupy by force
14	扰乱	rǎoluàn	to disturb
15	秩序	zhìxu	order
16	怎么着!	zěnmezhe!	What about it!
*17	少来这套	shǎo-lái-zhèi-tào	(colloquial) Don't give me that!
18	骂人	màrén	to curse (someone)
*19	揍人	zòu rén	to beat somebody 打人
*20	蛮	mán	rough, reckless 野蛮
21	原来	yuánlái	Oh, I see; originally; in fact
22	带走	dàizǒu	take (him) away
23	教训	jiàoxùn	to teach somebody a lesson
24	故意	gùyì	deliberately; purposely
25	捣乱	dǎoluàn	to make trouble
26	这下	zhèixià	now 这一下
*27	闹腾的	nàoténg de	(colloquial) as a result of disturbances
*28	净	jìng	nothing but; only
*29	这种货	zhèizhǒng huò	(derogatory) this kind of a product or a person 这种东西
*30	那劲儿	nèi jìnr	that manner; that air 那个样子

＊31	流氓	liúmáng	hoodlum
＊32	小偷兒	xiǎotōur	pickpocket; thief
＊33	狠狠	hěnhěn	mercilessly; viciously
＊34	打擊	dǎjí	attack
＊35	神裡神經	shén-li-shén-jīng	neurotic; oversensitive
36	嚇人一跳	xià-rén-yí-tiào	scared out of one's wits
37	嘴	zuǐ	mouth
38	不言不語	bù-yán-bù-yǔ	unchatty; taciturn 不說話
＊39	一清二楚	yì-qīng-èr-chǔ	very clear 很清楚
＊40	免貴，姓陳	miǎnguì, xìng Chén	(idiomatic) exempt from the "honorable" term "貴" (as in 貴姓), my name is Chen 陳。不必用"貴"字，我姓陳。
＊40	如今吶	rújīn na	as for now
＊41	啥	shá or shà	(dialect) what? 什麼？
＊42	武松打虎	Wǔsōng dǎhǔ	"Wu Song beat the tiger" [Wu Song is a character in 《水滸傳》 "All Men Are Brothers", a popular fiction by 施耐庵 "Shih Nai-an". Wu Song is famous for beating a tiger to death with his fist.]

例句

1 A: 你真不講理，明明是別人的東西楞說是你的。
B: 你憑什麼說我不講理？

2 你瞧那個人的樣子真像個流氓。

3 他是一個科學家也是一個業餘畫家。

4 "華僑"是住在外國的中國人。

*31	流氓	liúmáng	hoodlum
*32	小偷儿	xiǎotōur	pickpocket; thief
*33	狠狠	hěnhěn	mercilessly; viciously
*34	打击	dǎjí	attack
*35	神里神经	shén-li-shén-jīng	neurotic; oversensitive
36	吓人一跳	xià-rén-yí-tiào	scared out of one's wits
37	嘴	zuǐ	mouth
38	不言不语	bù-yán-bù-yǔ	unchatty; taciturn 不说话
*39	一清二楚	yì-qīng-èr-chǔ	very clear 很清楚
*40	免贵，姓陈	miǎnguì, xìng Chén	(idiomatic) exempt from the "honorable" term "贵" (as in 贵姓), my name is Chen 陈。 不必用"贵"字，我姓陈。
*40	如今呐	rújīn na	as for now
*41	啥	shá or shā	(dialect) what? 什么？
*42	武松打虎	Wǔsōng dǎhǔ	"Wu Song beat the tiger" [Wu Song is a character in 《水浒传》 "All Men Are Brothers", a popular fiction by 施耐庵 "Shih Nai-an". Wu Song is famous for beating a tiger to death with his fist.]

例句

1 A: 你真不讲理，明明是别人的东西楞说是你的。
  B: 你凭什么说我不讲理？

2 你瞧那个人的样子真像个流氓。

3 他是一个科学家也是一个业余画家。

4 "华侨"是住在外国的中国人。

5 A：　我跟誰結婚是我自己的事，你管得着嗎？
B：　當然管得着，因爲我們是你父母，而且你才十五歲。

6　中國現在真是一個法治的國家了嗎？

7　在一個法治的國家裡也有人搶別人的東西嗎？

8　因爲他擾亂公共秩序，所以大家都不喜歡他。

9　你少來這套，我不會相信的。

10　他真不講理。每天不是罵人就是打人。

11　原來你是中國人，我以爲你是日本人呢。

12　杜秋正在找你呢，趕快去吧。

13　警察早就把那個流氓帶走了。

14　他故意欺負那個小孩子，我們應該好好地教訓教訓他。

15　警察把那個流氓帶走了，這下可以安靜一下了。
16　現在淨出這些不講理的壞人。

17　你神裡神經的嚇了我一跳。

18　他雖然總是不言不語的，可是他很聰明。

19　這件事，我已經跟你說得一清二楚了，你怎麼還不懂。

20　從前鄉下沒有戲看，如今吶，可多了。

21　我沒有看過法國電影兒倒看過不少英國電影兒。

5 A:　我跟谁结婚是我自己的事，你管得着吗？

B:　当然管得着，因为我们是你父母，而且你才十五岁。

6 中国现在真是一个法治的国家了吗？

7 在一个法治的国家里也有人抢别人的东西吗？

8 因为他扰乱公共秩序，所以大家都不喜欢他。

9 你少来这套，我不会相信的。

10 他真不讲理。每天不是骂人就是打人。

11 原来你是中国人，我以为你是日本人呢。

12 杜秋正在找你呢，赶快去吧。

13 警察早就把那个流氓带走了。

14 他故意欺负那个小孩子，我们应该好好地教训教训他。

15 警察把那个流氓带走了，这下可以安静一下了。

16 现在净出这些不讲理的坏人。

17 你神里神经的吓了我一跳。

18 他虽然总是不言不语的，可是他很聪明。

19 这件事，我已经跟你说得一清二楚了，你怎么还不懂。

20 从前乡下没有戏看，如今呐，可多了。

21 我没有看过法国电影儿倒看过不少英国电影儿。

第十八景

生詞

1	改不了	gǎi bùliǎo	can not be changed
2	爭氣	zhēngqì	strive to live up to; work hard to win

例句

1 A: 你想他的毛病改得了改不了？
B: 我想他一定改不了了。

2 那個孩子的父母希望他能做一個好孩子，可是他偏偏作壞事，真不爭氣。

第十九景

生詞

*1	啞巴	yǎba	mute 不能說話的人
2	沒錯兒	méicuòr	that's right; definitely

例句

1 因爲他一直不說話，所以我以爲他是一個啞巴。

2 A: 我想你認錯了人吧？
B: 沒錯兒，一定是他。

第十八景

生词

1	改不了	gǎi bùliǎo	can not be changed
2	争气	zhēngqì	strive to live up to; work hard to win

例句

1 A: 你想他的毛病改得了改不了？
  B: 我想他一定改不了了。

2 那个孩子的父母希望他能做一个好孩子，可是他偏偏作坏事，真不争气。

第十九景

牛词

※1	哑巴	yǎba	mute 不能说话的人
2	没错儿	méicuòr	that's right; definitely

例句

1 因为他一直不说话，所以我以为他是一个哑巴。

2 A: 我想你认错了人吧？
  B: 没错儿，一定是他。

第二十景

生詞

1	環境	huánjìng	environment; circumstances

例句

1 環境對人很要緊。我們應該注意環境衛生。

2 他從小父母就死了，家裡沒錢，環境很不好。

3 他在這兒的群眾關係不好，所以想到別的地方去換換環境。

第二十一景

生詞

＊1	小子	xiǎozi	(colloquial) chap; fellow
＊2	不是個東西	búshìge dōngxi	(derogatory) worthless person; good for nothing
3	趁着	chènzhe	to take advantage of; while
＊4	亂勁兒	luànjìnr	chaos; confusion
＊5	開"天窗"	kāi"tiānchuāng"	a term used by young people in PRC refer to steal something from someone's pocket (lit. : to open a "sky window")
6	怪不得	guàibudé	no wonder

例句

1 那小子故意跟我搗亂，真不是個東西.

第二十景

生词

1	环境	huánjìng	environment; circumstances

例句

1 环境对人很要紧。我们应该注意环境卫生。

2 他从小父母就死了，家里没钱，环境很不好。

3 他在这儿的群众关系不好，所以想到别的地方去换换环境。

第二十一景

生词

*1	小子	xiǎozi	(colloquial) chap; fellow
*2	不是个东西	búshìge dōngxi	(derogatory) worthless person; good for nothing
3	趁着	chènzhe	to take advantage of; while
*4	乱劲儿	luànjìnr	chaos; confusion
*5	开“天窗”	kāi"tiānchuāng"	a term used by young people in PRC refer to steal something from someone's pocket (lit. : to open a "sky window")
6	怪不得	guàibudé	no wonder

例句

1 那小子故意跟我捣乱，真不是个东西.

2 那個小偷兒趁着車上人多的時候把我的錢包偷走了。

3 應該趁着年輕的時候多念一點兒書。

4 怪不得他不說話呢，原來他是一個啞巴。

第二十四景

生詞

＊1	銬上	kàoshang	to handcuff; to be handcuffed
＊2	雷子	léizi	a term used by young people in PRC to refer to plainclothes police or security personnel
3	可惜	kěxī	too bad; What a pity! unfortunately
＊4	拘捕證	jūbǔ zhèng	arrest warrant
＊5	嘻皮笑臉	xī-pí-xiào-liǎn	grinning cheekily
6	求	qiú	to beg; to ask a favor
＊7	纏着	chánzhe	to bother; pester

例句

1 那麼聰明的人去做壞事，真可惜。

2 我不喜歡你那嘻皮笑臉的樣子。

3 如果你沒有拘捕證就不能拘捕我。

4 我說不去就是不去，你怎麼辦？

5 我不買就是不買，誰說也不行。

6 你說了這麼久了，還有完沒完？

2　那个小偷儿趁着车上人多的时候把我的钱包偷走了。

3　应该趁着年轻的时候多念一点儿书。

4　怪不得他不说话呢，原来他是一个哑巴。

第二十四景

生词

＊1	铐上	kàoshang	to handcuff; to be handcuffed
＊2	雷子	léizi	a term used by young people in PRC to refer to plainclothes police or security personnel
3	可惜	kěxī	too bad; What a pity! unfortunately
＊4	拘捕证	jūbǔ zhèng	arrest warrant
＊5	嘻皮笑脸	xī-pí-xiào-liǎn	grinning cheekily
6	求	qiú	to beg; to ask a favor
＊7	缠着	chánzhe	to bother; pester

例句

1　那么聪明的人去做坏事，真可惜。

2　我不喜欢你那嘻皮笑脸的样子。

3　如果你没有拘捕证就不能拘捕我。

4　我说不去就是不去，你怎么办？

5　我不买就是不买，谁说也不行。

6　你说了这么久了，还有完没完？

7 你吃了這麼多了還要吃，有够沒够？

8 小孩子不願意媽媽離開，所以老纏着她不讓她走。

第二十五景

生詞

1	擦	cā	to wipe; to rub off
2	便宜	piányi	let somebody off lightly; a bargain; small advantages; petty gains
＊3	舔	tiǎn	to lick
＊4	撒糞	sāfèn	(swear) spread dung
＊5	凶	xiōng	ferocious; brutal
＊6	練練	liànlian	try to fight (with me); to practice
＊7	有種的	yǒuzhǒngde	(slang) to have courage or guts; (if you) have the balls

例句

1 把手洗洗再吃東西！

2 我給你做這麼多事你不給我錢，沒這麼便宜。

3 這個舗/ 鋪子的東西最便宜，所以我老在這兒買。

4 他先生很凶，誰都不敢跟他說話。

5 有種的敢跟我打架嗎？

第二十六景

7　你吃了这么多了还要吃，有够没够？

8　小孩子不愿意妈妈离开，所以老缠着她不让她走。

第二十五景

生词

1	擦	cā	to wipe; to rub off
2	便宜	piányi	let somebody off lightly; a bargain; small advantages; petty gains
＊3	舔	tiǎn	to lick
＊4	撒粪	sǎfèn	(swear) spread dung
＊5	凶	xiōng	ferocious; brutal
＊6	练练	liànlian	try to fight (with me); to practice
＊7	有种的	yǒuzhǒngde	(slang) to have courage or guts; (if you) have the balls

例句

1　把手洗洗再吃东西！

2　我给你做这么多事你不给我钱，没这么便宜。

3　这个舖/ 铺子的东西最便宜，所以我老在这儿买。

4　他先生很凶，谁都不敢跟他说话。

5　有种的敢跟我打架吗？

第二十六景

生詞

＊1	真有兩下子	zhēnyǒu-liǎngxiàzi	(colloquial) really know one's stuff 真有本事
2	受過	shòuguo	has experienced; has received
3	專門	zhuānmén	specially
4	訓練	xùnliàn	training; to train
5	打架	dǎjià	to fight
6	究竟	jiūjìng	after all; on earth
7	預感	yùgǎn	premonition
8	反倒	fǎndào	on the contrary
9	根據	gēnjù	on the basis of; according to
10	需要	xūyào	need
11	信任	xìnrèn	trust
12	了解	liǎojiě	understanding; to understand

例句

1 你什麼都會，可真有兩下子。

2 我沒有受過專門訓練，不過經常練習。

3 學外國話，要是你常常練習自然就會說得好。

4 你這麼不痛快究竟是爲了什麼？

5 你一會兒要吃中國飯，一會兒要吃日本飯，究竟要吃甚麼飯？

6 我有一個預感，他今天開車會出事。

7 有不痛快的事最好說出來，不要放在心裡頭。

8 我是你朋友，你不相信我的話，反倒相信那個流氓的話。

生词

*1	真有两下子	zhēnyǒu-liǎngxiàzi	(colloquial) really know one's stuff 真有本事
2	受过	shòuguo	has experienced; has received
3	专门	zhuānmén	specially
4	训练	xùnliàn	training; to train
5	打架	dǎjià	to fight
6	究竟	jiūjìng	after all; on earth
7	预感	yùgǎn	premonition
8	反倒	fǎndào	on the contrary
9	根据	gēnjù	on the basis of; according to
10	需要	xūyào	need
11	信任	xìnrèn	trust
12	了解	liǎojiě	understanding; to understand

例句

1　你什么都会，可真有两下子。

2　我没有受过专门训练，不过经常练习。

3　学外国话，要是你常常练习自然就会说得好。

4　你这么不痛快究竟是为了什么？

5　你一会儿要吃中国饭，一会儿要吃日本饭，究竟要吃甚么饭？

6　我有一个预感，他今天开车会出事。

7　有不痛快的事最好说出来，不要放在心里头。

8　我是你朋友，你不相信我的话，反倒相信那个流氓的话。

9 別相信沒有根據的話。

10 根據我的看法，每一個人都需要別人的信任和了解。

11 他最近特別忙，要是你沒有特別的事，最好別去麻煩他。

第二十七景

生詞

1	偏	piān	on the contrary; to the contrary
2	既然... 就	jìrán...jiù	since...then, given the fact...
3	情況	qíngkuàng	circumstances; condition; state of affair
4	清楚	qīngchu	clear
5	弄明白	nòng míngbai	clarify; to make clear
6	白說	báishuō	speak in vain 說了也沒有用
*7	賊	zéi	thief; bandit
*8	眼光	yǎnguāng	gaze; foresight
*9	破抹布	pò mābù	worn-out rag(worthless); old kitchen towel
10	髒	zāng	dirty
*11	爛	làn	ragged; rotten
12	反正	fǎnzhèng	in any case; anyway; anyhow
13	理解	lǐjiě	to understand; to comprehend; understanding 了解
14	決心	juéxìn	determination; resolution
15	相互	xiānghù	mutually
16	雙倍	shuāngbèi	twice; two fold
17	努力	nǔlì	try hard; to exert oneself
18	越... 越	yuè...yuè	more...more

9 别相信没有根据的话。

10 根据我的看法，每一个人都需要别人的信任和了解。

11 他最近特别忙，要是你没有特别的事，最好别去麻烦他。

第二十七景

生词

1	偏	piān	on the contrary; to the contrary
2	既然... 就	jìrán...jiù	since...then, given the fact...
3	情况	qíngkuàng	circumstances; condition; state of affair
4	清楚	qīngchu	clear
5	弄明白	nòng míngbai	clarify; to make clear
6	白说	báishuō	speak in vain 说了也没有用
＊7	贼	zéi	thief; bandit
＊8	眼光	yǎnguāng	gaze; foresight
＊9	破抹布	pò mābù	worn-out rag(worthless); old kitchen towel
10	脏	zāng	dirty
＊11	烂	làn	ragged; rotten
12	反正	fǎnzhèng	in any case; anyway; anyhow
13	理解	lǐjiě	to understand; to comprehend; understanding 了解
14	决心	juéxīn	determination; resolution
15	相互	xiānghù	mutually
16	双倍	shuāngbèi	twice; two fold
17	努力	nǔlì	try hard; to exert oneself
18	越... 越	yuè...yuè	more...more

19	懷念	huáiniàn	to cherish the memory of 想念
20	童年	tóngnián	childhood 小孩子的時候
✳21	掀起	xiānqǐ	to surge
✳22	狂濤巨浪	kuáng-tāo-jù-làng	billow; a great wave or surge of the sea
✳23	沉船	chén chuán	sunken ships
✳24	傷人	shāng rén	harm people
25	畢竟	bìjìng	after all; actually

例句

1 這個東西不是我弄壞的，你爲什麼偏說是我弄的？

2 既然你不要跟他結婚，就該早點兒告訴他。

3 我很久沒到中國去了，所以對那兒的情況不大清楚。

4 別拿不相信我的眼光看我！

5 你來不來都沒關係，反正我不出去。

6 父母能不能理解孩子的問題？

7 過年的時候我下過決心，一定要努力念書。

8 年輕人常常相互幫忙。

9 你越是不喜歡他，他越是纏着你，真麻煩。

10 這隻船，我付出了雙倍的錢才買到的。

11 請你不要再提上次沉船的事。因爲我的一個好朋友在那次沉船的時候死了。

12 我很懷念童年生活過的地方。

19	怀念	huáiniàn	to cherish the memory of 想念
20	童年	tóngnián	childhood 小孩子的时候
＊21	掀起	xiānqǐ	to surge
＊22	狂涛巨浪	kuáng-tāo-jù-làng	billow; a great wave or surge of the sea
＊23	沉船	chén chuán	sunken ships
＊24	伤人	shāng rén	harm people
25	毕竟	bìjìng	after all; actually

例句

1 这个东西不是我弄坏的，你为什么偏说是我弄的？

2 既然你不要跟他结婚，就该早点儿告诉他。

3 我很久没到中国去了，所以对那儿的情况不大清楚。

4 别拿不相信我的眼光看我！

5 你来不来都没关系，反正我不出去。

6 父母能不能理解孩子的问题？

7 过年的时候我下过决心，一定要努力念书。

8 年轻人常常相互帮忙。

9 你越是不喜欢他，他越是缠着你，真麻烦。

10 这只船，我付出了双倍的钱才买到的。

11 请你不要再提上次沉船的事。因为我的一个好朋友在那次沉船的时候死了。

12 我很怀念童年生活过的地方。

13 好朋友畢竟是好朋友，一有事就相互幫忙。

第二十八景

生詞

1	留下的	liúxià de	remainder
2	夢	mèng	a dream
3	回憶	huíyì	to recall; to recollect, recollection
4	之後	zhīhòu	after; later; afterwards 以後
5	曾經	céngjīng	once in the past (indicates that something has happened before)
6	一種	yìzhǒng	a kind of
7	悲觀	bēiguān	pessimistic
8	平靜	píngjìng	tranquil; peaceful
9	絶不	juébù	absolutely not 絶對不
10	開始	kāishǐ	begin
11	光明	guāngmíng	bright; promising
12	前途	qiántú	future
13	關鍵	guānjiàn	crux, a key point
14	堅定	jiāndìng	firm, steadfast
15	信念	xìnniàn	faith; belief
16	重新	chóngxīn	to begin again; a fresh start; anew
17	勇氣	yǒngqì	courage
18	要不然	yàoburán	otherwise

例句

1 他給你留下了很多錢。

2 你說人生像夢一樣嗎？

13 好朋友毕竟是好朋友，一有事就相互帮忙。

第二十八景

生词

1	留下的	liúxià de	remainder
2	梦	mèng	a dream
3	回忆	huíyì	to recall; to recollect, recollection
4	之后	zhīhòu	after; later; afterwards 以后
5	曾经	céngjīng	once in the past (indicates that something has happened before)
6	一种	yìzhǒng	a kind of
7	悲观	bèiguān	pessimistic
8	平静	píngjìng	tranquil; peaceful
9	绝不	juébù	absolutely not 绝对不
10	开始	kāishǐ	begin
11	光明	guāngmíng	bright; promising
12	前途	qiántú	future
13	关键	guānjiàn	crux, a key point
14	坚定	jiāndìng	firm, steadfast
15	信念	xìnniàn	faith; belief
16	重新	chóngxīn	to begin again; a fresh start; anew
17	勇气	yǒngqì	courage
18	要不然	yàoburán	otherwise

例句

1 他给你留下了很多钱。

2 你说人生像梦一样吗？

3 老人常喜歡回憶過去的事。因爲回憶可以給他們帶來快樂。

4 你出國之後打算做甚麼事？

5 他曾經有過很幸福的童年。

6 一遇到不順心的事就想到死，真是太悲觀了。

7 平靜的生活是最美好的。

8 幸福絕不只是有錢的人才有的。

9 你是什麼時候開始學中文的？

10 只要你有決心就一定學得好。

11 如果你對生活有堅定的信念就一定會有光明的前途。

12 你考的好不好，關鍵不是在你聰明不聰明，是在你用功不用功。

13 他從前做過壞事，可是現在要重新做一個好人了。

14 朋友能給我生活的勇氣。

15 快走吧！要不然又要跳車就太危險了。

第三十景

生詞

1	以爲	yǐwei	to consider; to mistakenly think; take...as
2	偏偏	piānpiān	contrary to what one wished

3 老人常喜欢回忆过去的事。因为回忆可以给他们带来快乐。

4 你出国之后打算做甚么事？

5 他曾经有过很幸福的童年。

6 一遇到不顺心的事就想到死，真是太悲观了。

7 平静的生活是最美好的。

8 幸福绝不只是有钱的人才有的。

9 你是什么时候开始学中文的？

10 只要你有决心就一定学得好。

11 如果你对生活有坚定的信念就一定会有光明的前途。

12 你考的好不好，关键不是在你聪明不聪明，是在你用功不用功。

13 他从前做过坏事，可是现在要重新做一个好人了。

14 朋友能给我生活的勇气。

15 快走吧！要不然又要跳车就太危险了。

第三十景

生词

1	以为	yǐwei	to consider; to mistakenly think; take...as
2	偏偏	piānpiān	contrary to what one wished

			or hoped
3	壞人	huàirén	evil person 不好的人
4	未必	wèibì	may not; not necessarily不一定
5	眼睛	yǎnjing	eyes
6	說謊	shuō huǎng	to tell a lie; to lie

例句

1 那個女孩子以為張同生是個壞人。

2 “未必”是“不一定”的意思。

3 你說他很悲觀，我看未必對。他有的時候很樂觀。

4 這件事情怎麼做得由你來決定。

5 我一看你的眼睛就知道你是說謊。

第三十一景

生詞

*1	伙計	huǒji	buddy; chap
2	猜	cāi	to guess
3	準是	zhǔnshì	definitely; certainly 一定是
4	果不其然	guǒ-bù-qí-rán	sure enough; just as expected 真的
*5	那號人	nèihào rén	(derogatory) that kind person
6	辦公室	bàngōngshì	office
*7	涼棚	liángpéng	awning; shed
*8	側	cè	side 邊兒

例句

			or hoped
3	坏人	huàirén	evil person 不好的人
4	未必	wèibì	may not; not necessarily不一定
5	眼睛	yǎnjing	eyes
6	说谎	shuō huǎng	to tell a lie; to lie

例句

1 那个女孩子以为张同生是个坏人。

2 “未必”是“不一定”的意思。

3 你说他很悲观，我看未必对。他有的时候很乐观。

4 这件事情怎么做得由你来决定。

5 我一看你的眼睛就知道你是说谎。

第三十一景

生词

*1	伙计	huǒji	buddy; chap
2	猜	cāi	to guess
3	准是	zhǔnshì	definitcly; certainly 一定是
4	果不其然	guǒ-bù-qí-rán	sure enough; just as expected 真的
*5	那号人	nèihào rén	(derogatory) that kind person
6	办公室	bàngōngshì	office
*7	凉棚	liángpéng	awning; shed
*8	侧	cè	side 边儿

例句

1 A: 你猜一猜我是哪國人。

B: 我一猜就能猜着。你是日本人。

A: 不對，我是中國人。

2 我猜我爸爸準是今天來，果不其然他今天來了。

3 A: 請你到我辦公室來談談。

B: 您的辦公室在哪兒？

A: 在圖書館的東側。

B: 甚麼是東側？

A: 東側就是東邊兒的意思。

第三十二景

生詞

*1	機床廠	jīchuáng chǎng	a factory which produces machinery (tool)
2	爲... 着急	wèi...zháojí	worried about
3	趕來	gǎnlái	rushed to get here
4	主要	zhǔyào	mainly
5	無辜	wúgū	innocent
6	對待	duìdài	to treat; to handle
7	純粹	chúncuì	purely; pure; absolutely
8	幫	bāng	measure word for gang,band, or clique e.g. 四人幫
*9	嫁禍於...	jiàhuòyú...	to frame N., to make it look like N. has committed the crime; to “set someone up”
10	冤枉	yuānwang	to wrong; to accuse a person with a false charge; a wrong; a grievance
11	受委屈	shòu wěiqū	suffer an injustice; be treated or

1 A: 你猜一猜我是哪国人。

B: 我一猜就能猜着。你是日本人。

A: 不对，我是中国人。

2 我猜我爸爸准是今天来，果不其然他今天来了。

3 A: 请你到我办公室来谈谈。

B: 您的办公室在哪儿？

A: 在图书馆的东侧。

B: 甚么是东侧？

A: 东侧就是东边儿的意思。

第三十二景

生词

*1	机床厂	jīchuáng chǎng	a factory which produces machinery (tool)
2	为... 着急	wèi...zháojí	worried about
3	赶来	gǎnlái	rushed to get here
4	主要	zhǔyào	mainly
5	无辜	wúgū	innocent
6	对待	duìdài	to treat; to handle
7	纯粹	chúncuì	purely; pure; absolutely
8	帮	bāng	measure word for gang,band, or clique e.g. 四人帮
*9	嫁祸於...	jiàhuòyú...	to frame N., to make it look like N. has committed the crime; to “set someone up”
10	冤枉	yuānwang	to wrong; to accuse a person with a false charge; a wrong; a grievance
11	受委屈	shòu wěiqū	suffer an injustice; be treated or

			judged unfairly
12	留下	liúxià	leave behind
13	地址	dìzhǐ	an address
14	壞了！	huàile!	Darn! Oh no!
*15	打交道	dǎjiāodào	(colloquial) to have dealings with; come into contact with

例句

1 我們正爲你着急呢，怎麼現在才來？

2 我一聽説你的車出事了就趕快趕來了。

3 我從北京趕來主要是想在你走之前再跟你見一面。

4 他父母是壞人，可是他是無辜的。你不能看不起他。

5 這個案子越快搞清楚越好。

6 四人幫把這件事嫁禍於他了。

7 你們純粹是冤枉了我，這件事情跟我一點兒關係都沒有。

8 我們應該有個好領導來領導我們。。

9 這個孩子從小就沒有父母，在別人家受了很多的委屈也不敢告訴別人。

10 別跟那幫流氓打交道！

11 壞了！今天考試我忘了預備功課了。

完了

			judged unfairly
12	留下	líuxià	leave behind
13	地址	dìzhǐ	an address
14	坏了！	huàile!	Darn! Oh no!
*15	打交道	dǎjiāodào	(colloquial) to have dealings with; come into contact with

例句

1 我们正为你着急呢，怎么现在才来？

2 我一听说你的车出事了就赶快赶来了。

3 我从北京赶来主要是想在你走之前再跟你见一面。

4 他父母是坏人，可是他是无辜的。你不能看不起他。

5 这个案子越快搞清楚越好。

6 四人帮把这件事嫁祸于他了。

7 你们纯粹是冤枉了我，这件事情跟我一点儿关系都没有。

8 我们应该有个好领导来领导我们。。

9 这个孩子从小就没有父母，在别人家受了很多的委屈也不敢告诉别人。

10 别跟那帮流氓打交道！

11 坏了！今天考试我忘了预备功课了。

完了

Part Three
Exercises

第三部分
練習題

練習題（一）

第一景

I　問題：

1　故事開始的時候是在什麼地方？

2　那個男的跟他太太要到哪去？

3　那個男的叫什麼名字？

4　路上有一個人跟杜秋打聽什麼？

5　到瓷器口的自由集市得坐幾路車？　得在哪兒換車？　換幾路車？　車票多少錢？

II　造句：

1　注意：

2　開往：

3　開始：

4　跟... 打聽：

5　先... 然後再：

练习题（一）

第一景

I 问题：

1 故事开始的时候是在什么地方？

2 那个男的跟他太太要到哪去？

3 那个男的叫什么名字？

4 路上有一个人跟杜秋打听什么？

5 到瓷器口的自由集市得坐几路车？ 得在哪儿换车？ 换几路车？ 车票多少钱？

II 造句：

1 注意：

2 开往：

3 开始：

4 跟... 打听：

5 先... 然后再：

練習題（二）

第二景

I　問題：

1　杜太太叫杜秋記住哪三件事？

2　杜太太說杜秋有什麼毛病？

3　你想"見面熟"是毛病嗎？

4　你想杜秋改得了改不了那個毛病？

5　你有什麼毛病嗎？

II　造句：

1　剛才：

2　記住：

3　經常：

4　不許：

5　認識：

练习题（二）

第二景

I　问题：

1　<u>杜</u>太太叫<u>杜秋</u>记住哪三件事？

2　<u>杜</u>太太说<u>杜秋</u>有什么毛病？

3　你想“见面熟”是毛病吗？

4　你想<u>杜秋</u>改得了改不了那个毛病？

5　你有什么毛病吗？

II　造句：

1　刚才：

2　记住：

3　经常：

4　不许：

5　认识：

練習題（三）

第三景

I　問題：

1　杜秋上火車以後，杜太太到哪去了？

2　在火車上杜秋請一個人幫他什麼忙？

3　那個人姓什麼？叫什麼名字？

4　杜秋說不買臥舖有什麼好處？

5　火車開的時候發生了什麼事？

II　造句：

1　拿出來：

2　好像...V過：

3　緊張：

4　A　和　B　一樣：

5　從小就：

练习题（三）

第三景

I　问题：

1　杜秋上火车以后，杜太太到哪去了？

2　在火车上杜秋请一个人帮他什么忙？

3　那个人姓什么？叫什么名字？

4　杜秋说不买卧舖有什么好处？

5　火车开的时候发生了什么事？

II　造句：

1　拿出来：

2　好像...V过：

3　紧张：

4　A　和　B　一样：

5　从小就：

練習題（四）

第四，五景

I　問題：

1　杜太太給他先生買了什麼東西？

2　爲什麼杜太太要給他先生買戒煙糖？

3　那個女孩子的媽媽還活着嗎？

4　那個女孩子從前有沒有做過不好的事？

5　要是你做錯了事，你做什麼？

II　造句：

1　值得：

2　V　來 V　去：

3　嚐嚐：

4　埋怨：

5　如果... 的話：

练习题（四）

第四，五景

I　问题：

1　杜太太给他先生买了什么东西？

2　为什么杜太太要给他先生买戒烟糖？

3　那个女孩子的妈妈还活着吗？

4　那个女孩子从前有没有做过不好的事？

5　要是你做错了事，你做什么？

II　造句：

1　值得：

2　V 来 V 去：

3　尝尝：

4　埋怨：

5　如果... 的话：

練習題（五）

第六景

I　問題：

1　天津火車站快到的時候，廣播員說什麼？

2　杜秋爲什麼下火車？

3　杜秋跟張同生買了什麼東西？

4　火車上賣什麼呢？

5　在那個火車上買東西得先買什麼？

II　造句：

1　馬上：

2　提前：

3　準備：

4　座兒：

练习题（五）

第六景

I　问题：

1　天津火车站快到的时候，广播员说什么？

2　杜秋为什么下火车？

3　杜秋跟张同生买了什么东西？

4　火车上卖什么呢？

5　在那个火车上买东西得先买什么？

II　造句：

1　马上：

2　提前：

3　准备：

4　座儿：

練習題（六）

第七景

I　問題：

1　這些人是幹什麼的？

2　那個案子是不是那個女孩子幹的？

3　那些人爲什麼要幹那個案子？

4　有一個女的給那個女孩子什麼東西？

5　她爲什麼要給她那個東西？

II　造句：

1　不是爲了：

2　沒辦法才：

3　懷疑：

4　相信：

5　不能讓：

练习题（六）

第七景

I 问题：

1 这些人是干什么的？

2 那个案子是不是那个女孩子干的？

3 那些人为什么要干那个案子？

4 有一个女的给那个女孩子什么东西？

5 她为什么要给她那个东西？

II 造句：

1 不是为了：

2 没办法才：

3 怀疑：

4 相信：

5 不能让：

練習題〔七〕

第八景

I 問題：

1 你想戒煙糖靈不靈？

2 "有對象"是什麼意思？

3 杜秋説結婚以後，怎麼樣才能和和氣氣的過日子？

4 你想杜秋都會照着他太太的話做嗎？

5 爲什麼杜秋問張同生是不是演員？

II 造句：

1 特別：

2 至於：

3 靈活：

4 見過：

5 簡單：

练习题（七）

第八景

I 问题：

1 你想戒烟糖灵不灵？

2 “有对象”是什么意思？

3 杜秋说结婚以后，怎么样才能和和气气的过日子？

4 你想杜秋都会照着他太太的话做吗？

5 为什么杜秋问张同生是不是演员？

II 造句：

1 特别：

2 至于：

3 灵活：

4 见过：

5 简单：

練習題（八）

第九景

I 問題：

1 現在那個女孩子在什麼地方？

2 那些人問那個女孩子什麼問題？

3 那些人爲什麼說那個案子是女孩子作的？

4 那個女孩子怎麼可以在那個工廠作事？

5 那個女孩子爲什麼不說話？

II 造句：

1 往... 身上推：

2 各有各：

3 到底：

4 給... 機會：

5 以爲：

练习题（八）

第九景

I　问题：

1　现在那个女孩子在什么地方？

2　那些人问那个女孩子什么问题？

3　那些人为什么说那个案子是女孩子作的？

4　那个女孩子怎么可以在那个工厂作事？

5　那个女孩子为什么不说话？

II　造句：

1　往... 身上推：

2　各有各：

3　到底：

4　给... 机会：

5　以为：

練習題（九）

第十景

I　問題：

1　那輛火車上供應什麼飯？

2　杜秋說旅行的時候，應該多做什麼？

3　德州什麼最有名？

4　杜秋對什麼很有興趣？

5　車站的廣播員說什麼？

II　造句：

1　供應：

2　正好：

3　加強：

4　多 V 一點兒：

5　準備：

练习题（九）

第十景

I　问题：

1　那辆火车上供应什么饭？

2　杜秋说旅行的时候，应该多做什么？

3　德州什么最有名？

4　杜秋对什么很有兴趣？

5　车站的广播员说什么？

II　造句：

1　供应：

2　正好：

3　加强：

4　多 V　一点儿：

5　准备：

練習題（十）

第十一，十二景

I 問題：

1 火車到站的時候，旅客都作什麼？

2 列車長對旅客說什麼？

3 杜秋給張同生蘋果的時候，他說什麼？

4 杜秋問那個女孩子什麼問題？

5 那個女孩子爲什麼對那個小女孩很有興趣？

II 造句：

1 讓一讓::

2 保證：

3 探親：

4 這麼多：

练习题（十）

第十一，十二景

I 问题：

1 火车到站的时候，旅客都作什么？

2 列车长对旅客说什么？

3 杜秋给张同生苹果的时候，他说什么？

4 杜秋问那个女孩子什么问题？

5 那个女孩子为什么对那个小女孩很有兴趣？

II 造句：

1 让一让::

2 保证：

3 探亲：

4 这么多：

練習題（十一）

第十三景

I 問題：

1 那個女孩子在想什麼時候的事情？

2 張同生一看牌以後，他就説什麼？

3 張同生説杜秋跟太太的感情怎麼樣？

4 張同生怎麼知道杜秋怕太太？

5 杜秋太太每天吃飯以前，總要杜秋作什麼？

II 造句：

1 永遠：

2 從... 看：

3 幸福：

4 脾氣：

5 恨不得：

练习题（十一）

第十三景

I 问题：

1 那个女孩子在想什么时候的事情？

2 张同生一看牌以后，他就说什么？

3 张同生说杜秋跟太太的感情怎么样？

4 张同生怎么知道杜秋怕太太？

5 杜秋太太每天吃饭以前，总要杜秋作什么？

II 造句：

1 永远：

2 从... 看：

3 幸福：

4 脾气：

5 恨不得：

練習題（十二）

第十三景

I　問題：

1　杜秋説新社會的女同志都以什麼爲光榮？

2　杜秋最近發了什麼財？

3　張同生説那個女孩子有什麼問題？

4　你想張同生真的會算命嗎？

5　第五號車廂爲什麼被評爲紅旗車廂？紅旗車廂是什麼意思？

II　造句：

1　滿意：

2　遇到：

3　關係：

4　換換：

5　在... 協助下：

练习题（十二）

第十三景

I　问题：

1　杜秋说新社会的女同志都以什么为光荣？

2　杜秋最近发了什么财？

3　张同生说那个女孩子有什么问题？

4　你想张同生真的会算命吗？

5　第五号车厢为什么被评为红旗车厢？红旗车厢是什么意思？

II　造句：

1　满意：

2　遇到：

3　关系：

4　换换：

5　在... 协助下：

練習題（十三）

第十四，十五，十六景

I 問題：

1 爲什麼那幾個人來找那個女孩子？

2 那個女孩子爲什麼現在沒有對象了？

3 剛上車的那個老先生要到哪去？

4 爲什麼那個老先生的兒子要請別人告訴他父親在哪下車？

5 那個兒子送父親走的時候說什麼？

II 造句：

1 願意：

2 可惜：

3 麻煩：

4 放心：

5 保重：

练习题（十三）

第十四，十五，十六景

I 问题：

1 为什么那几个人来找那个女孩子？

2 那个女孩子为什么现在没有对象了？

3 刚上车的那个老先生要到哪去？

4 为什么那个老先生的儿子要请别人告诉他父亲在哪下车？

5 那个儿子送父亲走的时候说什么？

II 造句：

1 愿意：

2 可惜：

3 麻烦：

4 放心：

5 保重：

練習題（十四）

第十七景

I　問題：

1　在杜秋他們的車廂隸來了一個什麼樣的人？
這個人做了什麼不講理的事？

2　那個人跟別的中國人有什麼不一樣？

3　杜秋説那個年輕人是什麼樣的人？

4　爲什麼那個女孩子聽了杜秋的話，忽然站起來了？

5　那個老先生有沒有聽懂杜秋的話？

II　造句：

1　瞧... 樣子：

2　侵佔：

3　擾亂：

4　故意：

5　一看就：

练习题（十四）

第十七景

I　问题：

1　在杜秋他们的车厢棣来了一个什么样的人？
　　这个人做了什么不讲理的事？

2　那个人跟别的中国人有什么不一样？

3　杜秋说那个年轻人是什么样的人？

4　为什么那个女孩子听了杜秋的话，忽然站起来了？

5　那个老先生有没有听懂杜秋的话？

II　造句：

1　瞧... 样子：

2　侵占：

3　扰乱：

4　故意：

5　一看就：

練習題（十五）

第十八景到第二十三景

I　問題：

1　杜秋爲什麼說那個女孩子是啞巴？

2　那個流氓到哪去了？

3　“開天窗”是什麼意思？

4　那個女孩子在什麼車站下車了？

5　你想她爲什麼要下車？

II　造句：

1　環境：

2　趁着：

3　怪不得：

4　原來：

5　趕快：

练习题（十五）

第十八景到第二十三景

I　问题：

1　杜秋为什么说那个女孩子是哑巴？

2　那个流氓到哪去了？

3　“开天窗”是什么意思？

4　那个女孩子在什么车站下车了？

5　你想她为什么要下车？

II　造句：

1　环境：

2　趁着：

3　怪不得：

4　原来：

5　赶快：

練習題（十六）

第二十四、二十五景

I 問題：

1 那個女孩子爲什麼要下車？

2 那個女孩子爲什麼跟張同生說"鎊"吧？

3 那個女孩子想張同生是做什麼事的？

4 那個女孩子碰上了兩個什麼樣的人？

5 那兩個壞人叫那個女孩子做什麼？

II 造句：

1 聰明：

2 願意：

3 求：

4 便宜：

5 跟我 V：

练习题（十六）

第二十四、二十五景

I 问题：

1 那个女孩子为什么要下车？

2 那个女孩子为什么跟张同生说“锈”吧？

3 那个女孩子想张同生是做什么事的？

4 那个女孩子碰上了两个什么样的人？

5 那两个坏人叫那个女孩子做什么？

II 造句：

1 聪明：

2 愿意：

3 求：

4 便宜：

5 跟我 V：

練習題（十七）

第二十六景

I 問題：

1 現在那個女孩子相信不相信張同生？

2 那個女孩子說張同生"真有兩下子"是什麼意思？

3 張同生說他有什麼預感？

4 張同生說那個女孩子特別需要什麼？

5 要是你心裡有不痛快的事你怎麼辦？

II 造句：

1 受過：

2 訓練：

3 究竟：

4 預感：

5 根據：

练习题（十七）

第二十六景

I　问题：

1　现在那个女孩子相信不相信张同生？

2　那个女孩子说张同生“真有两下子”是什么意思？

3　张同生说他有什么预感？

4　张同生说那个女孩子特别需要什么？

5　要是你心里有不痛快的事你怎么办？

II　造句：

1　受过：

2　训练：

3　究竟：

4　预感：

5　根据：

練習題（十八）

第二十七景

I　問題：

1　那個女孩子說那個案子真的是誰幹的？

2　那個女孩子爲什麼不告訴她的領導？

3　爲什麼那個女孩子的領導不相信她？

4　那個女孩子爲什麼要到福州去？

5　你遇到不順心的事常常會想到什麼？

II　造句：

1　明明... 偏偏：

2　反正：

3　理解：

4　經常：

5　雖然... 但是：

练习题（十八）

第二十七景

I 问题：

1 那个女孩子说那个案子真的是谁干的？

2 那个女孩子为什么不告诉她的领导？

3 为什么那个女孩子的领导不相信她？

4 那个女孩子为什么要到福州去？

5 你遇到不顺心的事常常会想到什么？

II 造句：

1 明明... 偏偏：

2 反正：

3 理解：

4 经常：

5 虽然... 但是：

練習題（十九）

第二十八景

I 問題：

1 那個女孩子想到什麼地方去一次？

2 爲什麼張同生說那個女孩子太悲觀了？

3 要是你的朋友很悲觀的時候，你跟他說什麼？

4 去看海對那個女孩子有什麼好處？

5 你喜歡旅行嗎？爲什麼？

II 造句：

1 像... 一樣：

2 回憶：

3 曾經：

4 只要... 就一定：

5 關鍵是：

练习题（十九）

第二十八景

I 问题：

1 那个女孩子想到什么地方去一次？

2 为什么张同生说那个女孩子太悲观了？

3 要是你的朋友很悲观的时候，你跟他说什么？

4 去看海对那个女孩子有什么好处？

5 你喜欢旅行吗？为什么？

II 造句：

1 像... 一样：

2 回忆：

3 曾经：

4 只要... 就一定：

5 关键是：

練習題（二十）

第二十九，三十景

I　問題：

1　那個女孩子原來想張同生是什麼樣的人？

2　你認為世界上是好人多還是壞人多？

3　張同生怎麼知道那個女孩子是跑出來的？

4　看人為什麼要看眼睛？

5　你能看出來一個人是好人還是壞人嗎？

II　造句：

1　由你：

2　偏偏：

3　怎麼可能：

4　只有... 才：

5　説謊：

练习题（二十）

第二十九，三十景

I　问题：

1　那个女孩子原来想张同生是什么样的人？

2　你认为世界上是好人多还是坏人多？

3　张同生怎么知道那个女孩子是跑出来的？

4　看人为什么要看眼睛？

5　你能看出来一个人是好人还是坏人吗？

II　造句：

1　由你：

2　偏偏：

3　怎么可能：

4　只有... 才：

5　说谎：

練習題（二十一）

第三十一景

I　問題：

1　杜秋在哪兒等他們？

2　杜秋說："咱杜秋是那號人嗎"是什麼意思？

3　張同生的東西在哪兒？

4　車站的廣播員說什麼？

5　什麼人在等張同生？

II　造句：

1　到底：

2　準是：

3　果不其然：

4　眼裡：

5　真沒想到：

练习题（二十一）

第三十一景

I 问题：

1 杜秋在哪儿等他们？

2 杜秋说："咱杜秋是那号人吗"是什么意思？

3 张同生的东西在哪儿？

4 车站的广播员说什么？

5 什么人在等张同生？

II 造句：

1 到底：

2 准是：

3 果不其然：

4 眼里：

5 真没想到：

練習題（二十二）

第三十二景

I　問題：

1　有人在哪兒等張同生？

2　這兩個人是在哪兒做事的？

3　他們爲什麼到這來？

4　他們怎麼知道這個女孩子在這兒？

5　那個女孩子最後決定到哪兒去了？

II　造句：

1　着急：

2　無辜：

3　對待：

4　另外：

5　委屈：

练习题（二十二）

第三十二景

I　问题：

1　有人在哪儿等<u>张同生</u>？

2　这两个人是在哪儿做事的？

3　他们为什么到这来？

4　他们怎么知道这个女孩子在这儿？

5　那个女孩子最后决定到哪儿去了？

II　造句：

1　着急：

2　无辜：

3　对待：

4　另外：

5　委屈：

Part Four Commentary

第四部分 敘述

陌生的朋友 敍述

第一景

北京秋天的一個下午，天氣非常好。

北京火車站的前邊是一個大廣場。廣場裡有很多人，也有很多車。有人剛下火車，有人要坐火車去別的地方。

去南京，上海，福州的火車快要開了。大家在四號門排隊，準備上車。

從那兒走來了一位三十多歲的先生和他太太。這位先生姓杜，名字叫秋。杜秋和他太太一起拿着一件行李往車站走。杜先生要去福州辦事，杜太太來車站送他。

這時候，一個剛來北京的鄉下人過來問路。他不知道怎麼去一個市場。杜秋最愛幫別人忙。他告訴那個人，去市場先坐九路公共汽車，再換一零六路電車。九路電車離火車站不遠，車站上有個牌子，上邊寫着一個"九"字，很容易找。他又說，坐車也很便宜，就要五分錢。那個人聽了很高興，謝謝杜秋幫助他。

可是，杜太太有點兒不高興。她想時間不早了，火車也快開了，可是杜秋還跟別人說那麼多話。她對杜秋說，"快，快走。"

第二景

杜先生和杜太太進了火車站。杜秋要離開家了，杜太太有點兒不放心。

她要杜秋常常寫信。杜秋說，他一定每三天寫一封信。她也要杜秋別抽煙。杜秋說他一定一枝煙也不抽。杜太太又讓他別交太多的朋友。杜先生好像真聽太太的話，他一次一次地說，"記住了，記住了。"

陌生的朋友 叙述

第一景

北京秋天的一个下午，天气非常好。

北京火车站的前边是一个大广场。广场里有很多人，也有很多车。有人刚下火车，有人要坐火车去别的地方。

去南京，上海，福州的火车快要开了。大家在四号门排队，准备上车。

从那儿走来了一位三十多岁的先生和他太太。这位先生姓杜，名字叫秋。杜秋和他太太一起拿着一件行李往车站走。杜先生要去福州办事，杜太太来车站送他。

这时候，一个刚来北京的乡下人过来问路。他不知道怎么去一个市场。杜秋最爱帮别人忙。他告诉那个人，去市场先坐九路公共汽车，再换一零六路电车。九路电车离火车站不远，车站上有个牌子，上边写着一个"九"字，很容易找。他又说，坐车也很便宜，就要五分钱。那个人听了很高兴，谢谢杜秋帮助他。

可是，杜太太有点儿不高兴。她想时间不早了，火车也快开了，可是杜秋还跟别人说那么多话。她对杜秋说，"快，快走。"

第二景

杜先生和杜太太进了火车站。杜秋要离开家了，杜太太有点儿不放心。

她要杜秋常常写信。杜秋说，他一定每三天写一封信。她也要杜秋别抽烟。杜秋说他一定一枝烟也不抽。杜太太又让他别交太多的朋友。杜先生好像真听太太的话，他一次一次地说，"记住了，记住了。"

第三景

杜秋上火車以前請他太太別送了，讓她回去。杜太太忽然想起來一件事，很快地走了。

火車上已經有很多人了。有的在找座位，有的在放行李。杜先生找到了自己的座位。杜秋請對面的那位先生幫他把行李放在上邊，才坐下來。

杜先生一坐下來就問對面的先生叫甚麼名字，在哪兒工作。那位先生回答說，他姓張，叫同生。杜先生看看張先生，覺得他以前好像見過張先生，他問張先生是不是電影演員。可是張先生說他不是演員，他在北京工作，現在要去福州辦點兒事。

杜秋一聽很高興，因爲他也要去福州辦事。他覺得一上車就認識一個跟他同路的人，真是太好了。

杜秋拿出煙來請張同生抽。他說：「現在我們就像朋友一樣了。」

杜太太離開火車站以後沒有回家，她到車站的一個鋪子買東西去了。買完了東西，她又回來找杜秋。她一邊跑一邊叫杜秋的名字。

杜秋給坐在他旁邊的人介紹他自己。他告訴那個人他的名字叫杜秋。因爲在一個有名的日本電影裡，也有一個男人叫杜秋。所以大家都覺得很有意思。

杜秋正高高興興地說着話，抽着煙，杜太太跑來了。她給杜先生送來一包東西。杜秋看見他太太，真不好意思，因爲他已經告訴過他太太他再也不抽煙了，可是現在又在抽。他怕太太看見他嘴裡有煙，就不說話。杜太太問他問題，他也不回答。杜太太想杜先生可能因爲要離開她，心裡難過，所以才不說話，可是張同生知道杜秋爲甚麼不說話，他真想笑。

火車開了，車站上的人讓杜太太往後站。這時候，一個女孩子很快地跑來，跳上火車，車上的列車員很生氣地對她說：「 你不要命了嗎？ 這麼上車太危險了。」

第四景

杜秋不知道太太給他送來了甚麼東西，打開一看，原來是戒煙糖，杜秋和張同生都笑了。杜秋請張同生嚐嚐，因爲這種糖可能幫助人不抽煙。

第三景

杜秋上火车以前请他太太别送了，让她回去。杜太太忽然想起来一件事，很快地走了。

火车上已经有很多人了。有的在找座位，有的在放行李。杜先生找到了自己的座位。杜秋请对面的那位先生帮他把行李放在上边，才坐下来。

杜先生一坐下来就问对面的先生叫甚么名字，在哪儿工作。那位先生回答说，他姓张，叫同生。杜先生看看张先生，觉得他以前好像见过张先生，他问张先生是不是电影演员。可是张先生说他不是演员，他在北京工作，现在要去福州办点儿事。

杜秋一听很高兴，因为他也要去福州办事。他觉得一上车就认识一个跟他同路的人，真是太好了。

杜秋拿出烟来请张同生抽。他说：「现在我们就像朋友一样了。」

杜太太离开火车站以后没有回家，她到车站的一个铺子买东西去了。买完了东西，她又回来找杜秋。她一边跑一边叫杜秋的名字。

杜秋给坐在他旁边的人介绍他自己。他告诉那个人他的名字叫杜秋。因为在一个有名的日本电影里，也有一个男人叫杜秋。所以大家都觉得很有意思。

杜秋正高高兴兴地说着话，抽着烟，杜太太跑来了。她给杜先生送来一包东西。杜秋看见他太太，真不好意思，因为他已经告诉过他太太他再也不抽烟了，可是现在又在抽。他怕太太看见他嘴里有烟，就不说话。杜太太问他问题，他也不回答。杜太太想杜先生可能因为要离开她，心里难过，所以才不说话，可是张同生知道杜秋为甚么不说话，他真想笑。

火车开了，车站上的人让杜太太往后站。这时候，一个女孩子很快地跑来，跳上火车，车上的列车员很生气地对她说：「你不要命了吗？这么上车太危险了。」

第四景

杜秋不知道太太给他送来了甚么东西，打开一看，原来是戒烟糖，杜秋和张同生都笑了。杜秋请张同生尝尝，因为这种糖可能帮助人不抽烟。

第五景

火車上已經沒有空座兒了，所以剛上車的女孩子只能站在車門旁邊，她看着窗外，想起了剛才在火車站的事。

剛才她工廠裡的兩個幹部在火車站找她，可是他們沒能找到她，她跑進了車站，上了火車。

女孩子又想起了以前在家裡的事。爸爸對她說：「過去爸爸不在家，媽媽又死了，你和壞人在一起做了壞事。現在爸爸回來了，你也就要有工作了，只要你以後好好地工作，爸爸和死去的媽媽就能原諒你。」她聽了爸爸的話哭了。她決定以後要好好地工作。

第六景

女孩子想着以前的事的時候，火車上的廣播說：「火車很快就要到天津車站了。很多人要在天津下車，所以沒有座位的人可以去車廂裡邊找座位。」女孩子聽了就進去了。

火車在天津停了以後，不少人拿着行李下了車。杜秋也下車去買天津包子。因爲天津包子非常有名，所以杜秋買了兩大包。

他們買了包子回到火車上的時候，杜秋看見那個女孩子坐在他的座位上。女孩子一聽那是杜秋的座位就坐到旁邊的座位上去了。

杜秋坐下以後，開始吃包子。他客氣地請旁邊的女孩子也嚐嚐，可是她不要，也不說話。張同生看看她，覺得她有點兒奇怪。

那時候是中午。女孩子旁邊的人都在吃午飯，有的吃自己帶來的午飯，有的吃買來的午飯。大家都吃得很高興。杜秋吃完了包子，又喝了一點兒水。

女孩子看看別人，覺得有點兒餓。這時候，她又想起了以前的事。

第七景

在一間黑黑的屋子裡，一些壞人一邊聽外國音樂，一邊喝酒，抽煙。

一個壞男人告訴那個女孩子，爲甚麼他們做了一件壞事，還讓別人覺得那是

第五景

火车上已经没有空座儿了，所以刚上车的女孩子只能站在车门旁边，她看着窗外，想起了刚才在火车站的事。

刚才她工厂里的两个干部在火车站找她，可是他们没能找到她，她跑进了车站，上了火车。

女孩子又想起了以前在家里的事。爸爸对她说：「过去爸爸不在家，妈妈又死了，你和坏人在一起做了坏事。现在爸爸回来了，你也就要有工作了，只要你以后好好地工作，爸爸和死去的妈妈就能原谅你。」她听了爸爸的话哭了。她决定以后要好好地工作。

第六景

女孩子想着以前的事的时候，火车上的广播说：「火车很快就要到天津车站了。很多人要在天津下车，所以没有座位的人可以去车厢里边找座位。」女孩子听了就进去了。

火车在天津停了以后，不少人拿着行李下了车。杜秋也下车去买天津包子。因为天津包子非常有名，所以杜秋买了两大包。

他们买了包子回到火车上的时候，杜秋看见那个女孩子坐在他的座位上。女孩子一听那是杜秋的座位就坐到旁边的座位上去了。

杜秋坐下以后，开始吃包子。他客气地请旁边的女孩子也尝尝，可是她不要，也不说话。张同生看看她，觉得她有点儿奇怪。

那时候是中午。女孩子旁边的人都在吃午饭，有的吃自己带来的午饭，有的吃买来的午饭。大家都吃得很高兴。杜秋吃完了包子，又喝了一点儿水。

女孩子看看别人，觉得有点儿饿。这时候，她又想起了以前的事。

第七景

在一间黑黑的屋子里，一些坏人一边听外国音乐，一边喝酒，抽烟。

一个坏男人告诉那个女孩子，为甚么他们做了一件坏事，还让别人觉得那是她做的，是因爲他們要她回來，她不願意。

那個女孩子聽了很生氣，她想離開壞人，可是那個壞男人說，她以前做過壞事，所以沒有人會相信她現在不做壞事了。

一個壞女人給女孩子很多錢，那是他們做壞事得到的錢。她不要，生氣地把錢扔在地上。

第八景

大家把飯盒扔在小車裡邊。扔飯盒的聲音很大。那個女孩子不想以前的事了。她往旁邊看看。大家已經吃完了午飯。不少人在睡覺。杜秋一邊抽煙，一邊給杜太太寫信。他在信上說，“你買的戒煙糖真好，吃了以後... 吃了以後... ”他不知道怎麼寫下去。

張同生看了杜秋寫的信，笑了。

杜秋有點兒不好意思。他問張同生有沒有結婚，有沒有女朋友。張同生都回答說沒有。杜秋告訴張同生，結婚以後，先生應該聽太太的話，這樣，兩個人可以高高興興地在一起生活。

杜秋寫完了信開始看雜誌。他看到雜志裡的一張照片，又看看張同生，現在他知道爲甚麼他覺得好像看見過張同生。他對張同生說：「你真不錯，你很好。」

可是張同生沒有回答，還是看自己的報。

杜秋看張同生不願意說話，也打算睡覺。他請張同生在吃晚飯的時候別忘了叫醒他。

張同生一會兒看看報，一會兒又看看坐在對面的女孩子。女孩子知道張同生在注意她，有點兒不高興。

第九景

女孩子又在想以前的事。工廠裡的幹部以爲姑娘又做了壞事，很生氣。他們讓她把她做的壞事寫下來，可是她說壞事不是她做的。幹部不相信她的話。一個幹部說，如果她不說真話，他們就送她去公安局。她又着急又生氣，可是她不知道怎麼才能讓幹部相信她的話。

她做的，是因为他们要她回来，她不愿意。

那个女孩子听了很生气，她想离开坏人，可是那个坏男人说，她以前做过坏事，所以没有人会相信她现在不做坏事了。

一个坏女人给女孩子很多钱，那是他们做坏事得到的钱。她不要，生气地把钱扔在地上。

第八景

大家把饭盒扔在小车里边。扔饭盒的声音很大。那个女孩子不想以前的事了。她往旁边看看。大家已经吃完了午饭。不少人在睡觉。杜秋一边抽烟，一边给杜太太写信。他在信上说，“你买的戒烟糖真好，吃了以后…吃了以后…”他不知道怎么写下去。

张同生看了杜秋写的信，笑了。

杜秋有点儿不好意思。他问张同生有没有结婚，有没有女朋友。张同生都回答说没有。杜秋告诉张同生，结婚以后，先生应该听太太的话，这样，两个人可以高高兴兴地在一起生活。

杜秋写完了信开始看杂志。他看到杂志里的一张照片，又看看张同生，现在他知道为甚么他觉得好像看见过张同生。他对张同生说：「你真不错，你很好。」

可是张同生没有回答，还是看自己的报。

杜秋看张同生不愿意说话，也打算睡觉。他请张同生在吃晚饭的时候别忘了叫醒他。

张同生一会儿看看报，一会儿又看看坐在对面的女孩子。女孩子知道张同生在注意她，有点儿不高兴。

第九景

女孩子又在想以前的事。工厂里的干部以为姑娘又做了坏事，很生气。他们让她把她做的坏事写下来，可是她说坏事不是她做的。干部不相信她的话。一个干部说，如果她不说真话，他们就送她去公安局。她又着急又生气，可是她不知道怎么才能让干部相信她的话。

第十景

女孩子正想着以前的事兒，吃晚飯的時候到了。火車上的服務員來賣晚飯的飯票，也讓大家準備好零錢。

張同生叫醒了杜秋。杜秋拿出錢買了一張晚飯票。張同生看那個女孩子沒買飯票就買了兩張。

杜秋看見了，以爲張同生很餓，要吃兩盒飯，所以他就說，旅行的時候應該多吃一點兒飯，身體才會好。

大家等着吃飯的時候，火車到了德州。杜秋對張先生說，德州的雞很有名，他們應該下車去買。張同生一聽就跟杜秋下車去了。

第十一景

火車停在德州車站。很多人上車，下車。杜秋和張同生下了車就往賣東西的地方走去。他們一人買了一隻雞。杜秋的雞很大。雖然不便宜，但是杜秋覺得那隻雞真不錯。他拿着雞高高興興地回到火車上來。

第十二景

服務員送晚飯來了。張同生把三盒飯放在小桌上。他把一盒飯給那個女孩子，請她吃。

女孩子很感謝，可是她不能要他的東西。她給張同生錢以後，才拿起了飯盒。

女孩子很久沒吃飯了，所以她一拿起飯盒就吃得很快。杜秋看看她，想她一定餓極了，就把一塊雞送給她，請她多吃一點兒。她沒有說話，可是她相信杜秋是一個好人。

吃完飯以後，杜秋又請大家吃他帶來的蘋果。他說吃飯以後吃一個蘋果可以幫助身體健康。他一邊說一邊把一個蘋果給那個女孩子。

坐在他們對面的一個小女孩子看見了蘋果很想要。女孩子一看就把自己的蘋果給了小女孩兒。小女孩兒的媽媽覺得孩子拿別人的東西不好。她讓小女孩兒送給她一個梨。

杜秋是個熱情的人，也愛和別人說話。他自我介紹以後，就問那個女孩子

第十景

女孩子正想着以前的事儿，吃晚饭的时候到了。火车上的服务员来卖晚饭的饭票，也让大家准备好零钱。

张同生叫醒了杜秋。杜秋拿出钱买了一张晚饭票。张同生看那个女孩子没买饭票就买了两张。

杜秋看见了，以为张同生很饿，要吃两盒饭，所以他就说，旅行的时候应该多吃一点儿饭，身体才会好。

大家等着吃饭的时候，火车到了德州。杜秋对张先生说，德州的鸡很有名，他们应该下车去买。张同生一听就跟杜秋下车去了。

第十一景

火车停在德州车站。很多人上车，下车。杜秋和张同生下了车就往卖东西的地方走去。他们一人买了一只鸡。杜秋的鸡很大。虽然不便宜，但是杜秋觉得那只鸡真不错。他拿着鸡高高兴兴地回到火车上来。

第十二景

服务员送晚饭来了。张同生把三盒饭放在小桌上。他把一盒饭给那个女孩子，请她吃。

女孩子很感谢，可是她不能要他的东西。她给张同生钱以后，才拿起了饭盒。

女孩子很久没吃饭了，所以她一拿起饭盒就吃得很快。杜秋看看她，想她一定饿极了，就把一块鸡送给她，请她多吃一点儿。她没有说话，可是她相信杜秋是一个好人。

吃完饭以后，杜秋又请大家吃他带来的苹果。他说吃饭以后吃一个苹果可以帮助身体健康。他一边说一边把一个苹果给那个女孩子。

坐在他们对面的一个小女孩子看见了苹果很想要。女孩子一看就把自己的苹果给了小女孩儿。小女孩儿的妈妈觉得孩子拿别人的东西不好。她让小女孩儿送给她一个梨。

杜秋是个热情的人，也爱和别人说话。他自我介绍以后，就问那个女孩子很多問題，可是她都不回答。杜秋和張同生想這個女孩子不去福州工作，不去上學，不去看家裡的人，也不去辦事，那麼她去福州幹甚麼呢？他們都覺得這個女孩子有一點兒奇怪。

坐在他們對面的小女孩兒看見窗外有很多白鴨子。她高興得一邊笑一邊喊：「小鴨子多好玩啊，多好完啊！」

第十三景

那個女孩子看看小女孩兒，就想起了她小時候的事。

老師帶着她和別的小朋友去海邊玩。她看着大海問老師：「大海總是這麼美嗎？」

服務員來打掃火車，姑娘又從過去回到現在。

杜秋和張同生在玩牌。張同生說他一看牌就能知道杜秋的生活。杜秋不相信。他讓張同生快告訴他，他的生活怎麼樣。

張同生看了看牌說，杜秋一定結婚不久，太太很愛他，他覺得很高興，可是他有一點兒怕太太。

杜秋覺得張同生聰明極了。因爲他說的都對。他告訴張同生，杜太太甚麼都好就是有時愛管他，甚麼都得聽她的。

張同生開玩笑地說，現在女同志都愛管男同志，男同志也都愛聽女同志的話。杜秋一聽就笑了。

那個女孩子聽了，也有一點兒想笑。

張同生看看牌又說，杜秋的工作不錯，雖然掙的錢不多，可是够花了。最近，杜秋和太太好像還多掙了一些錢。

杜秋就更覺得張同生聰明了，因爲張同生說得對極了。他讓張同生再算一次命。可是張同生說一次够了，再多可能就算不對了。

杜秋正玩得高興呢，他不願意現在就停下來，所以他請張同生給女孩子算命。女孩子先不太願意，可是杜秋說沒有關係。她就讓張同生給她算命。

張同生認真地看看牌說，在她的生活裡，現在可能有一些不高興的事，可能有一些壞人給她麻煩。女孩子聽了有點兒緊張，因爲張同生說得很對。張同生看看她又說，雖然現在你想好好工作，可是還有人不瞭解你，所以你想去一個別的地方。女孩子沒有說話，可是她想張同生知道她的情形。

他們玩牌的時候，火車上的車長拿着一面紅旗來了。他告訴大家，因爲他

很多问题，可是她都不回答。杜秋和张同生想这个女孩子不去福州工作，不去上学，不去看家里的人，也不去办事，那么她去福州干甚么呢？他们都觉得这个女孩子有一点儿奇怪。

坐在他们对面的小女孩儿看见窗外有很多白鸭子。她高兴得一边笑一边喊：「小鸭子多好玩啊，多好完啊！」

第十三景

那个女孩子看看小女孩儿，就想起了她小时候的事。

老师带着她和别的小朋友去海边玩。她看着大海问老师：「大海总是这么美吗？」

服务员来打扫火车，姑娘又从过去回到现在。

杜秋和张同生在玩牌。张同生说他一看牌就能知道杜秋的生活。杜秋不相信。他让张同生快告诉他，他的生活怎么样。

张同生看了看牌说，杜秋一定结婚不久，太太很爱他，他觉得很高兴，可是他有一点儿怕太太。

杜秋觉得张同生聪明极了。因为他说的都对。他告诉张同生，杜太太甚么都好就是有时爱管他，甚么都得听她的。

张同生开玩笑地说，现在女同志都爱管男同志，男同志也都爱听女同志的话。杜秋一听就笑了。

那个女孩子听了，也有一点儿想笑。

张同生看看牌又说，杜秋的工作不错，虽然挣的钱不多，可是够花了。最近，杜秋和太太好像还多挣了一些钱。

杜秋就更觉得张同生聪明了，因为张同生说得对极了。他让张同生再算一次命。可是张同生说一次够了，再多可能就算不对了。

杜秋正玩得高兴呢，他不愿意现在就停下来，所以他请张同生给女孩子算命。女孩子先不太愿意，可是杜秋说没有关系。她就让张同生给她算命。

张同生认真地看看牌说，在她的生活里，现在可能有一些不高兴的事，可能有一些坏人给她麻烦。女孩子听了有点儿紧张，因为张同生说得很对。张同生看看她又说，虽然现在你想好好工作，可是还有人不了解你，所以你想去一个别的地方。女孩子没有说话，可是她想张同生知道她的情形。

他们玩牌的时候，火车上的车长拿着一面红旗来了。他告诉大家，因为他們這兒非常乾淨，所以得到了紅旗。大家聽了都很高興。

第十四景

姑娘看着火車上的紅旗，想起了她以前在工廠裡因爲工作得很努力，給了她一面紅旗，可是有一天工廠的幹部把那面紅旗拿走了，因爲他們想她做了壞事。他們讓她去説明爲甚麼她又做壞事。車間裡的人都説她改不好了。有人説，因爲她做壞事，所以男朋友也不願意跟她在一起了。

女孩子想起這件事心裡很難過。

第十五景

火車停在一個小站上，不少人上了火車。一個年輕人從窗口送進來了一件行李，讓張同生幫他找一個座位。張同生就把他的行李放在他旁邊的空座位上。

這個年輕人指着一個老大爺説，那是他爸爸。他爸爸要去徐州。他讓張同生到了徐州叫他爸爸下車。張同生説好，讓那個年輕人放心。

第十六景

這時候，有一個壞青年拿着一個大錄音機上車了。他一邊走一邊大聲唱着日本歌。

老大爺也上車了，找到了自己的座位。他站在窗口旁邊跟兒子説話的時候，那個壞青年就坐在老大爺的座位上了。

第十七景

張同生和杜秋看見了，告訴壞青年那是老大爺的座位。他們請青年起來。壞青年不聽，還坐在那兒。他説他比老大爺先來的。旁邊的人聽了都很生氣，因爲他們看見是老大爺先來的。

杜秋説壞青年應該把座位還給老大爺。壞青年一聽就開始罵人。

火車上的警察來了。他看了看壞青年，知道他已經在火車上做了壞事，現

们这儿非常干净，所以得到了红旗。大家听了都很高兴。

第十四景

姑娘看着火车上的红旗，想起了她以前在工厂里因为工作得很努力，给了她一面红旗，可是有一天工厂的干部把那面红旗拿走了，因为他们想她做了坏事。他们让她去说明为甚么她又做坏事。车间里的人都说她改不好了。有人说，因为她做坏事，所以男朋友也不愿意跟她在一起了。

女孩子想起这件事心里很难过。

第十五景

火车停在一个小站上，不少人上了火车。一个年轻人从窗口送进来了一件行李，让张同生帮他找一个座位。张同生就把他的行李放在他旁边的空座位上。

这个年轻人指着一个老大爷说，那是他爸爸。他爸爸要去徐州。他让张同生到了徐州叫他爸爸下车。张同生说好，让那个年轻人放心。

第十六景

这时候，有一个坏青年拿着一个大录音机上车了。他一边走一边大声唱着日本歌。

老大爷也上车了，找到了自己的座位。他站在窗口旁边跟儿子说话的时候，那个坏青年就坐在老大爷的座位上了。

第十七景

张同生和杜秋看见了，告诉坏青年那是老大爷的座位。他们请青年起来。坏青年不听，还坐在那儿。他说他比老大爷先来的。旁边的人听了都很生气，因为他们看见是老大爷先来的。

杜秋说坏青年应该把座位还给老大爷。坏青年一听就开始骂人。

火车上的警察来了。他看了看坏青年，知道他已经在火车上做了坏事，现在又給老大爺麻煩，所以就把他帶走了。

壞青年走了以後，老大爺坐了下來。他說這幾年有不少青年學壞了。杜秋也生氣地說，壞人跑到哪兒都會把他們找到的。

杜秋一邊說一邊看着大家。女孩子聽了以爲杜秋在說她，她很緊張，忽然站了起來。旁邊的人都奇怪地看着她。她有點兒不好意思，就往廁所走去。

在廁所門口，女孩子回過頭來，看見張先生正看着她。杜秋沒注意，他和老大爺說話。他在介紹他自己。他告訴老大爺他的名字叫杜秋。這個名字跟一個日本電影裡的一個男人的名字一樣，可是老大爺沒有看過那個電影，他的耳朵也聽不大清楚，他以爲杜秋在說別的戲。杜秋和張同生聽了都笑了。

第十八景

女孩子從廁所出來以後，沒回座位。她站在車門旁邊想着剛才別人說的話。她想張先生和杜秋都在注意她。她覺得每個人都不相信她，每個人都以爲她是壞人，她很難過。

張同生看女孩子沒回來，有點兒不放心，就去找她。他找到她的時候，她正在一邊哭一邊抽煙。她看見張同生來了，有點兒不高興。她把煙扔了，跟張同生一起回座位上去了。

第十九景

這時候已經是晚上了，火車上的人都在睡覺。

杜秋睡覺的時候，有兩個找座位的女人坐在杜秋的旁邊。杜秋醒了，告訴她們這兒已經有人了。這兩個女人不說話。有一個男人用手比着叫她們去他那兒，她們就去了。

這時候張同生和女孩子回來了。杜秋立刻讓張同生跟他一起離開女孩子，要告訴他一件事，可是又不想讓女孩子聽見。女孩子看到這個情形就更緊張了。

他們離開女孩子以後，杜秋就告訴張同生現在他知道爲甚麼女孩子不說話了。因爲他想她不會說話，是一個啞巴。

第二十景

在又给老大爷麻烦，所以就把他带走了。

坏青年走了以后，老大爷坐了下来。他说这几年有不少青年学坏了。杜秋也生气地说，坏人跑到哪儿都会把他们找到的。

杜秋一边说一边看着大家。女孩子听了以为杜秋在说她，她很紧张，忽然站了起来。旁边的人都奇怪地看着她。她有点儿不好意思，就往厕所走去。

在厕所门口，女孩子回过头来，看见张先生正看着她。杜秋没注意，他和老大爷说话。他在介绍他自己。他告诉老大爷他的名字叫杜秋。这个名字跟一个日本电影里的一个男人的名字一样，可是老大爷没有看过那个电影，他的耳朵也听不大清楚，他以为杜秋在说别的戏。杜秋和张同生听了都笑了。

第十八景

女孩子从厕所出来以后，没回座位。她站在车门旁边想着刚才别人说的话。她想张先生和杜秋都在注意她。她觉得每个人都不相信她，每个人都以为她是坏人，她很难过。

张同生看女孩子没回来，有点儿不放心，就去找她。他找到她的时候，她正在一边哭一边抽烟。她看见张同生来了，有点儿不高兴。她把烟扔了，跟张同生一起回座位上去了。

第十九景

这时候已经是晚上了，火车上的人都在睡觉。

杜秋睡觉的时候，有两个找座位的女人坐在杜秋的旁边。杜秋醒了，告诉她们这儿已经有人了。这两个女人不说话。有一个男人用手比着叫她们去他那儿，她们就去了。

这时候张同生和女孩子回来了。杜秋立刻让张同生跟他一起离开女孩子，要告诉他一件事，可是又不想让女孩子听见。女孩子看到这个情形就更紧张了。

他们离开女孩子以后，杜秋就告诉张同生现在他知道为甚么女孩子不说话了。因为他想她不会说话，是一个哑巴。

第二十景

杜秋跟張同生説話的時候，火車上的警察來了。他們三個人一起站在門口説話。女孩子看着他們，覺得他們可能在説她的事。她又想起杜秋和張同生對她説過的話。她想他們一定在告訴警察她不是一個好人。她覺得杜秋和張同生好像是便衣警察。

第二十一景

過了一會兒，他們三個人回座位。他們坐下以後，杜秋請警察抽煙。張同生問警察剛才那個壞青年怎麼樣了。警察告訴他們那個壞青年一上火車就開了個"天窗"。杜秋不懂"開天窗"是甚麼意思。張同生告訴他"開天窗"就是從別人的口袋裡偷東西的意思。

第二十二景

警察走了以後，杜秋和張同生都睡覺了。姑娘睡不着。她在想像會有甚麼事發生：

火車到了南京以後，大家都下車休息休息，張同生和杜秋也下車了。他們告訴車站上的警察，她是一個壞人，警察聽了就要把她帶走。她很怕，想跑走，可是警察追上來了...

她越想越怕。火車的聲音讓她回到了現在。還好剛才的事不是真的。她看看坐在旁邊的杜秋和張同生，他們還都在睡覺。

第二十三景

這時候，火車上的廣播説，南京車站到了。火車要在南京停十五分鐘。她一聽便決定下車。她怕杜秋和張同生知道她下車了，就把一些東西留在火車上。

張同生醒來，一看女孩子不見了，行李也空了，就知道她下車了。他告訴杜秋他要下車去找她，讓杜秋幫他看着行李。説完他就下車了。

第二十四景

杜秋跟张同生说话的时候，火车上的警察来了。他们三个人一起站在门口说话。女孩子看着他们，觉得他们可能在说她的事。她又想起杜秋和张同生对她说过的话。她想他们一定在告诉警察她不是一个好人。她觉得杜秋和张同生好像是便衣警察。

第二十一景

过了一会儿，他们三个人回座位。他们坐下以后，杜秋请警察抽烟。张同生问警察刚才那个坏青年怎么样了。警察告诉他们那个坏青年一上火车就开了个"天窗"。杜秋不懂"开天窗"是甚么意思。张同生告诉他"开天窗"就是从别人的口袋里偷东西的意思。

第二十二景

警察走了以后，杜秋和张同生都睡觉了。姑娘睡不着。她在想像会有甚么事发生:

火车到了南京以后，大家都下车休息休息，张同生和杜秋也下车了。他们告诉车站上的警察，她是一个坏人，警察听了就要把她带走。她很怕，想跑走，可是警察追上来了...

她越想越怕。火车的声音让她回到了现在。还好刚才的事不是真的。她看看坐在旁边的杜秋和张同生，他们还都在睡觉。

第二十三景

这时候，火车上的广播说，南京车站到了。火车要在南京停十五分钟。她一听便决定下车。她怕杜秋和张同生知道她下车了，就把一些东西留在火车上。

张同生醒来，一看女孩子不见了，行李也空了，就知道她下车了。
他告诉杜秋他要下车去找她，让杜秋帮他看着行李。说完他就下车了。

第二十四景

在南京長江大橋上，女孩子在橋上走走停停。她看看長江的水，又想起自己小時候在海邊玩的事兒。忽然她覺得後邊好像有一個人。回頭一看，是張同生。

她以爲張同生是警察，所以她讓張同生帶她到公安局。張同生告訴她，他不是警察。女孩子問她，如果他不是警察，爲甚麼要跟着她。說完，姑娘生氣地走了。

張同生追上去，問女孩子爲甚麼不去福州了。你的東西還在車上呢。女孩子說，去不去福州是她自己的事。請張同生不要老麻煩她。她也不願意回答張同生的問題。

張同生沒有離開。他們倆說着，說着，就都很生氣了。最後張同生走了。

張同生一邊往火車站走，一邊想女孩子的事。他越想越不放心，所以又回去找她。

他回到南京長江大橋，女孩子不在那兒。他看見一張舊報。報上有一篇文章，說一個女人自殺的事。張同生看了，更不放心了。因爲他怕女孩子也要自殺。

張同生又去城裡找那個女孩子，可是城裡人很多，他找不到她。

第二十五景

在城裡的一個市場上，女孩子買了兩個油餅。兩個在旁邊的壞人注意到她就走過來了，可是女孩子不知道。她拿着吃的東西走到一張桌子旁邊，想坐下來吃。這時候她看見張同生在不遠的地方。

她一看就想離開那兒。離開的時候，不小心把她吃的東西撒在一個壞人的鞋上。她說了一聲對不起，就很快地走了。

在一條行人很少的路上，壞人追上了女孩子。他們要找她的麻煩。在她不知道怎麼辦的時候，張同生來了。他不讓壞人找女孩子的麻煩。壞人一聽就要打張同生。

張同生不怕他們，跟他們到一個沒有人的小公園裡。張同生很快就把兩個壞人都打敗了。這兩個壞人想張同生太厲害了，所以他們都跑走了。

女孩子想跟張同生說話，可是張同生看看她，一句話沒說就走了。女孩子要謝謝張同生，所以她追上去了。

在南京长江大桥上，女孩子在桥上走走停停。她看看长江的水，又想起自己小时候在海边玩的事儿。忽然她觉得后边好像有一个人。回头一看，是张同生。

她以为张同生是警察，所以她让张同生带她到公安局。张同生告诉她，他不是警察。女孩子问她，如果他不是警察，为甚么要跟着她。说完，姑娘生气地走了。

张同生追上去，问女孩子为甚么不去福州了。你的东西还在车上呢。女孩子说，去不去福州是她自己的事。请张同生不要老麻烦她。她也不愿意回答张同生的问题。

张同生没有离开。他们俩说着，说着，就都很生气了。最后张同生走了。

张同生一边往火车站走，一边想女孩子的事。他越想越不放心，所以又回去找她。

他回到南京长江大桥，女孩子不在那儿。他看见一张旧报。报上有一篇文章，说一个女人自杀的事。张同生看了，更不放心了。因为他怕女孩子也要自杀。

张同生又去城里找那个女孩子，可是城里人很多，他找不到她。

第二十五景

在城里的一个市场上，女孩子买了两个油饼。两个在旁边的坏人注意到她就走过来了，可是女孩子不知道。她拿着吃的东西走到一张桌子旁边，想坐下来吃。这时候她看见张同生在不远的地方。

她一看就想离开那儿。离开的时候，不小心把她吃的东西撒在一个坏人的鞋上。她说了一声对不起，就很快地走了。

在一条行人很少的路上，坏人追上了女孩子。他们要找她的麻烦。在她不知道怎么办的时候，张同生来了。他不让坏人找女孩子的麻烦。坏人一听就要打张同生。

张同生不怕他们，跟他们到一个没有人的小公园里。张同生很快就把两个坏人都打败了。这两个坏人想张同生太厉害了，所以他们都跑走了。

女孩子想跟张同生说话，可是张同生看看她，一句话没说就走了。女孩子要谢谢张同生，所以她追上去了。

第二十六景

女孩子追上了張同生。她謝謝張同生幫她的忙。她說要是沒有張同生的幫助，壞人一定會給她很多麻煩。

女孩子沒想到張同生一個人可以打敗兩個壞人，就問張同生。張同生說因爲以前他常常打架，架打多了，就很會打架了。

女孩子一聽就覺得更奇怪了，張同生怎麼會常常跟人打架呢？她還沒問張同生呢，張同生就問女孩子爲甚麼一個人跑出來。她不知道怎麼回答才好。過了一會兒她問張同生相信不相信她。張同生說相信她。

第二十七景

女孩子把她從前的事告訴了張同生。有幾個壞人做了壞事，可是他們讓別人覺得那是她做的。她告訴工廠裡的幹部，可是幹部不相信她。別的工人也以爲她是壞人。她覺得生活太沒有意思了，因爲沒有人了解她。

第二十八景

女孩子也告訴張同生，她常常想起小時候在海邊玩的事兒。她覺得那時候生活很美，也很有意思。她說決定去福州，因爲她小時候常常去海邊玩兒。她想回去看看大海，想想以前美好的生活。

張同生問她看了海以後，她要做甚麼？

她說她想自殺。

張同生一聽就告訴她，不應該想到死。她還很年輕，生活還很長。不但以前的生活裡有美好的東西，而且以後的生活裡也會有美好的東西。張同生讓女孩子跟他一起去福州。他想，可能看看大海可以幫助她忘了不高興的事，也可以幫助她看到生活裡好的東西。

女孩子覺得張同生說的很對，就跟他一起往車站走去。

第二十九景

第二十六景

女孩子追上了张同生。她谢谢张同生帮她的忙。她说要是没有张同生的帮助，坏人一定会给她很多麻烦。

女孩子没想到张同生一个人可以打败两个坏人，就问张同生。张同生说因为以前他常常打架，架打多了，就很会打架了。

女孩子一听就觉得更奇怪了，张同生怎么会常常跟人打架呢？她还没问张同生呢，张同生就问女孩子为甚么一个人跑出来。她不知道怎么回答才好。过了一会儿她问张同生相信不相信她。张同生说相信她。

第二十七景

女孩子把她从前的事告诉了张同生。有几个坏人做了坏事，可是他们让别人觉得那是她做的。她告诉工厂里的干部，可是干部不相信她。别的工人也以为她是坏人。她觉得生活太没有意思了，因为没有人了解她。

第二十八景

女孩子也告诉张同生，她常常想起小时候在海边玩的事儿。她觉得那时候生活很美，也很有意思。她说决定去福州，因为她小时候常常去海边玩儿。她想回去看看大海，想想以前美好的生活。

张同生问她看了海以后，她要做甚么？

她说她想自杀。

张同生一听就告诉她，不应该想到死。她还很年轻，生活还很长。不但以前的生活里有美好的东西，而且以后的生活里也会有美好的东西。张同生让女孩子跟他一起去福州。他想，可能看看大海可以帮助她忘了不高兴的事，也可以帮助她看到生活里好的东西。

女孩子觉得张同生说的很对，就跟他一起往车站走去。

第二十九景

車站的廣播説，去福州的火車快要開了，去福州的人應該準備上車。
張同生去車站買了票，也打了一個電報，才跟女孩子一起上了車。

第三十景

去福州的火車開了。女孩子和張同生站在車門口。女孩子看着窗外美麗的風景，忽然笑了。她告訴張同生，有的人以爲他是好人，可是他是壞人。有的人以爲他是壞人，可是他是好人。她問張同生是好人還是壞人。

張同生沒有回答。

她又問張同生怎麼知道她是跑出來的，真的是看牌知道的嗎？

張同生笑着説，他不是看牌，是看她的眼睛知道的。因爲人的眼睛是不會説假話的。

的三十一景

火車到了福州車站。他們下了車。

女孩子看見杜秋正在車站等着他們呢。她大聲地叫着杜秋的名字。杜秋一看是他們也很高興。他告訴他們，他想他們可能坐這次火車來福州，所以他帶着他們的行李來車站等他們。

他們三個人拿着行李，一邊高興地説着話，一邊出車站去。

忽然他們聽見車站的廣播説，有兩個人找張同生先生，這兩個人正在車站東邊的門口等他。

第三十二景

他們出了車站，看見等張同生的人是女孩子工廠的幹部。那兩個幹部看見他們就走過來説，他們一接到張同生從南京的電報，就坐飛機從北京來到福州了。

女孩子一聽生氣地看着張同生。

張同生告訴那兩個幹部，那件壞事不是女孩子做的。工廠裡的人不應該不相信她的話。

那兩個幹部告訴女孩子，他們接到張同生的電報以前，已經知道不是女孩

车站的广播说，去福州的火车快要开了，去福州的人应该准备上车。张同生去车站买了票，也打了一个电报，才跟女孩子一起上了车。

第三十景

去福州的火车开了。女孩子和张同生站在车门口。女孩子看着窗外美丽的风景，忽然笑了。她告诉张同生，有的人以为他是好人，可是他是坏人。有的人以为他是坏人，可是他是好人。她问张同生是好人还是坏人。

张同生没有回答。

她又问张同生怎么知道她是跑出来的，真的是看牌知道的吗？

张同生笑着说，他不是看牌，是看她的眼睛知道的。因为人的眼睛是不会说假话的。

的三十一景

火车到了福州车站。他们下了车。

女孩子看见杜秋正在车站等着他们呢。她大声地叫着杜秋的名字。杜秋一看是他们也很高兴。他告诉他们，他想他们可能坐这次火车来福州，所以他带着他们的行李来车站等他们。

他们三个人拿着行李，一边高兴地说着话，一边出车站去。

忽然他们听见车站的广播说，有两个人找张同生先生，这两个人正在车站东边的门口等他。

第三十二景

他们出了车站，看见等张同生的人是女孩子工厂的干部。那两个干部看见他们就走过来说，他们一接到张同生从南京的电报，就坐飞机从北京来到福州了。

女孩子一听生气地看着张同生。

张同生告诉那两个干部，那件坏事不是女孩子做的。工厂里的人不应该不相信她的话。

那两个干部告诉女孩子，他们接到张同生的电报以前，已经知道不是女孩子做的壞事。他們是來跟她說對不起的，也來接她一起回北京去。

一個幹部把女孩子爸爸寫的信給她。她爸爸也讓她回家。她現在高興了，因爲大家相信她了。

大家都說女孩子已經到了福州，就應該在福州玩兩天再回北京去，可是她要立刻回北京去工作。

大家又回到火車站裡。杜秋把很多吃的東西送給女孩子。他又說旅行的時候應該多吃一點東西。

女孩子一邊謝謝杜秋，一邊看看張同生。杜秋一看就知道女孩子很喜歡張同生。

去北京的火車快要開了。女孩子和兩個幹部上了車。她忽然想起來她還不知道杜秋和張同生叫甚麼名字，住在哪兒。她問他們能不能把住址和姓名給她。

這時候火車已經開了。杜秋沒有時間把住址寫下來，他很着急。忽然他看見他在火車上看的那本雜誌，就把雜誌給了女孩子。他說雜誌裡有他們的住址和姓名。火車走了以後杜秋才想起來，他們也忘了問那個女孩子叫甚麼名字了。

女孩子看看雜誌，想找杜先生和張先生的姓名，可是雜誌上沒有他們的姓名。她覺得有點兒奇怪。她又看看雜誌裡邊，看見了一篇文章，文章的旁邊有一張張同生的照片。那篇文章說張同生怎樣從一個壞青年變成了好青年的事兒。

女孩子看着文章和照片，想起了這幾天在火車上的事情。她又想起了張同生說的話，不但以前的生活裡有美好的東西，而且以後的生活裡也會有美好的東西。

火車帶着姑娘，帶着生活的希望，往北京開去。

子做的坏事。他们是来跟她说对不起的，也来接她一起回北京去。

一个干部把女孩子爸爸写的信给她。她爸爸也让她回家。她现在高兴了，因为大家相信她了。

大家都说女孩子已经到了福州，就应该在福州玩两天再回北京去，可是她要立刻回北京去工作。

大家又回到火车站里。杜秋把很多吃的东西送给女孩子。他又说旅行的时候应该多吃一点东西。

女孩子一边谢谢杜秋，一边看看张同生。杜秋一看就知道女孩子很喜欢张同生。

去北京的火车快要开了。女孩子和两个干部上了车。她忽然想起来她还不知道杜秋和张同生叫甚么名字，住在哪儿。她问他们能不能把住址和姓名给她。

这时候火车已经开了。杜秋没有时间把住址写下来，他很着急。忽然他看见他在火车上看的那本杂志，就把杂志给了女孩子。他说杂志里有他们的住址和姓名。火车走了以后杜秋才想起来，他们也忘了问那个女孩子叫甚么名字了。

女孩子看看杂志，想找杜先生和张先生的姓名，可是杂志上没有他们的姓名。她觉得有点儿奇怪。她又看看杂志里边，看见了一篇文章，文章的旁边有一张张同生的照片。那篇文章说张同生怎样从一个坏青年变成了好青年的事儿。

女孩子看着文章和照片，想起了这几天在火车上的事情。她又想起了张同生说的话，不但以前的生活里有美好的东西，而且以后的生活里也会有美好的东西。

火车带着姑娘，带着生活的希望，往北京开去。

Index

拼音索引

陌生的朋友　拼音索引

A.

B.

陌生的朋友　拼音索引

A.

B.

búduìjìnr	不對勁兒	13.47
búguò	不過	03.31
bùlíng	不靈	13.33
bú shì wèile	不是爲了	07.04
búshige dōngxi	不是個東西	21.02
bútài hǎoshuō	不太好説	13.36
bùxǔ	不許	02.07
bùyánbùyǔ	不言不語	17.38

C.

cā	擦	25.01
cāi	猜	31.02
cānquàn/cānjuàn	餐券	06.08
cè	側	31.08
céngjīng	曾經	28.05
chàdiánr	差點兒	03.34
chángcháng	嚐嚐	04.06
chǎnglǐ	廠裡	07.01
chánzhe	纏着	24.07
chénchuán	沉船	27.23
chènzhe	趁着	21.03
Chóngwénmén	崇文門	01.19
chóngxīn	重新	28.16
chōu yān	抽煙	02.05
chū chāi	出差	02.10
chuīle	吹了	14.09
chūmérzàiwài	出門兒在外	03.21
chúncuì	純粹	32.07
chūshì	出事	09.04
Cíqìkǒu	瓷器口	01.16
cóngxiǎo	從小	03.32

D.

dǎ jiāodào	打交道	32.15

búduìjìnr	不对劲儿	13.47
búguò	不过	03.31
bùlíng	不灵	13.33
bú shì wèile	不是为了	07.04
búshige dōngxi	不是个东西	21.02
bútài hǎoshuō	不太好说	13.36
bùxú	不许	02.07
bùyánbùyǔ	不言不语	17.38

C.

cā	擦	25.01
cāi	猜	31.02
cānquàn/cánjuàn	餐券	06.08
cè	侧	31.08
céngjīng	曾经	28.05
chàdiánr	差点儿	03.34
chángcháng	尝尝	04.06
chǎnglǐ	厂里	07.01
chánzhe	缠着	24.07
chénchuán	沉船	27.23
chènzhe	趁着	21.03
Chóngwénmén	崇文门	01.19
chóngxīn	重新	28.16
chōu yān	抽烟	02.05
chū chāi	出差	02.10
chuīle	吹了	14.09
chúmérzàiwài	出门儿在外	03.21
chúncuì	纯粹	32.07
chúshì	出事	09.04
Cíqìkǒu	瓷器口	01.16
cóngxiǎo	从小	03.32

D.

dǎ jiāodào	打交道	32.15

dàhuǒr	大夥兒	07.05
dàibiǎo	代表	13.04
dàiyè qīngnián	待業青年	09.16
dàizǒu	帶走	17.22
dǎjī	打擊	17.34
dǎjià	打架	26.05
dàlì xiézhù	大力協助	13.48
dàodǐ	到底	09.06
dǎoluàn	搗亂	17.25
dàrén	大人	03.37
Dézhōu	德州	10.07
diànchē	電車	01.20
dídīgūgūde	嘀嘀咕咕的	13.44
diē	爹	15.01
dìzhǐ	地址	32.13
Dù Qiū	杜秋	03.28
duìdài	對待	32.06
duìdeqǐ	對得起	09.19
duìxiàng	對象	08.02
dùn	頓	13.17
duōshǎo	多少	03.19

E.

èi	欸	01.10
èrjìngōng	二進宮	09.21

F.

fā diǎn xiǎo cái	發點兒小財	13.27
fàn	犯	14.06
fàn xiǎorén	犯小人	13.41
fǎndào	反倒	26.08
fàngxīn	放心	16.03
fǎnzhèng	反正	27.12

dàhuǒr	大夥儿	07.05
dàibiǎo	代表	13.04
dàiyè qīngnián	待业青年	09.16
dàizǒu	带走	17.22
dǎjī	打击	17.34
dǎjià	打架	26.05
dàlì xiézhù	大力协助	13.48
dàodǐ	到底	09.06
dǎoluàn	捣乱	17.25
dàrén	大人	03.37
Dézhōu	德州	10.07
diànchē	电车	01.20
dīdīgūgūde	嘀嘀咕咕的	13.44
diē	爹	15.01
dìzhí	地址	32.13
Dù Qiū	杜秋	03.28
duìdài	对待	32.06
duìdeqǐ	对得起	09.19
duìxiàng	对象	08.02
dùn	顿	13.17
duōshǎo	多少	03.19

E.

èi	欸	01.10
èrjìngōng	二进宫	09.21

F.

fā diǎn xiǎo cái	发点儿小财	13.27
fàn	犯	14.06
fàn xiǎorén	犯小人	13.41
fǎndào	反倒	26.08
fàngxīn	放心	16.03
fǎnzhèng	反正	27.12

fǎzhì	法治	17.12
Fúzhōu	福州	01.05

G.

gǎibùliáo	改不了	18.01
gǎiyigǎi	改一改	02.17
gàn shénme	幹甚麼	12.08
gǎn huóchē	趕火車	03.24
gǎn	趕	03.29
gǎnbushàng	趕不上	03.35
gànde	幹的	07.03
gāng fā	剛發	14.02
gāngcái	剛才	02.02
gǎnlái	趕來	32.03
gánqíng	感情	13.07
gěi...jīhui	給... 機會	09.11
gěitáile	給抬了	07.15
gémenr	哥們兒	13.12
gēn...dáting yíxià	跟... 打聽一下	01.13
gēnjù	根據	26.09
gèrén	個人	03.18
gèwèi	各位	01.02
gèyóugède	各有各的	09.02
gōngānjú	公安局	07.13
góngyìng	供應	10.02
gòugèr	够個兒	11.02
guà	卦	13.32
guài kěxī	怪可惜	14.13
guàibudé	怪不得	21.06
guāngmíng	光明	28.11
guánjiàn	關鍵	28.13
guī	歸	03.15
gūniang	姑娘	14.12
guóbùqīrán	果不其然	31.04
guòrìzi	過日子	08.05

fǎzhì	法治	17.12
Fúzhōu	福州	01.05

G.

gǎibùliǎo	改不了	18.01
gǎiyigǎi	改一改	02.17
gàn shénme	干甚么	12.08
gǎn huǒchē	赶火车	03.24
gǎn	赶	03.29
gǎnbushàng	赶不上	03.35
gànde	干的	07.03
gāng fā	刚发	14.02
gāngcái	刚才	02.02
gǎnlái	赶来	32.03
gǎnqíng	感情	13.07
gěi...jīhui	给... 机会	09.11
gěitáile	给抬了	07.15
gēmenr	哥们儿	13.12
gēn...dǎting yíxià	跟... 打听一下	01.13
gēnjù	根据	26.09
gèrén	个人	03.18
gèwèi	各位	01.02
gèyǒugède	各有各的	09.02
gōngānjú	公安局	07.13
gōngyìng	供应	10.02
gòugèr	够个儿	11.02
guà	卦	13.32
guài kěxī	怪可惜	14.13
guàibudé	怪不得	21.06
guāngmíng	光明	28.11
guānjiàn	关键	28.13
guī	归	03.15
gūniang	姑娘	14.12
guǒbùqīrán	果不其然	31.04
guòrìzi	过日子	08.05

gùyì	故意	17.24

H.

Hángzhōu	杭州	02.01
hǎoxiàng	好像	03.06
hǎoyàngr	好樣兒	08.10
hé...yiyàng	和... 一樣	03.30
héfàn	盒飯	10.03
héhéqìqì	和和氣氣	08.04
hènbudé	恨不得	13.18
hènhěn	狠狠	17.33
hóngqí chēxiāng	紅旗車廂	13.50
huài le	壞了	32.14
huáiniàn	懷念	27.19
huàirén	壞人	30.03
huáiyí	懷疑	07.14
huànhuan shǒu	換換手	01.09
huánjìng	環境	20.01
huáqiáo	華僑	17.10
huíyì	回憶	28.03
huǒji	伙計	31.01

J.

jiàhuòyú N	嫁禍於	32.09
jiǎn piào	剪票	01.07
jiǎnchá	檢查	13.53
jiǎndān	簡單	08.11
jiāndìng	堅定	28.14
jiǎngjiu	講究	13.21
jiànhǎo jiushou	見好就收	13.34
jiànmiàn	見面	03.22
jiànmiànshú	見面熟	02.14
jiǎnpiào kǒu	剪票口	01.08
jiāodài	交代	09.01

gùyì	故意	17.24

H.

Hángzhōu	杭州	02.01
hǎoxiàng	好像	03.06
hǎoyàngr	好样儿	08.10
hé...yíyàng	和... 一样	03.30
héfàn	盒饭	10.03
héheqìqì	和和气气	08.04
hènbudé	恨不得	13.18
hènhěn	狠狠	17.33
hóngqí chēxiāng	红旗车厢	13.50
huài le	坏了	32.14
huáiniàn	怀念	27.19
huàirén	坏人	30.03
huáiyí	怀疑	07.14
huànhuan shǒu	换换手	01.09
huánjìng	环境	20.01
huáqiáo	华侨	17.10
huíyì	回忆	28.03
huǒji	伙计	31.01

J.

jiàhuòyú N	嫁祸于	32.09
jiǎn piào	剪票	01.07
jiǎnchá	检查	13.53
jiǎndān	简单	08.11
jiāndìng	坚定	28.14
jiǎngjiu	讲究	13.21
jiànhǎo jiùshōu	见好就收	13.34
jiànmiàn	见面	03.22
jiànmiànshú	见面熟	02.14
jianpiao kǒu	剪票口	01.08
jiāodài	交代	09.01

jiàoxùn	教訓	17.23
jiāqiáng yíngyǎng	加強營養	10.06
jīchuáng chǎng	機床廠	32.01
jiè yān táng	戒煙糖	04.05
jīling	機伶	14.11
jìng	淨	17.28
jīngcháng	經常	02.04
jìngsài	競賽	13.51
jǐnzhāng	緊張	03.17
jìrán...jiù	既然... 就	27.02
jiǔ lù	九路	01.19
jiù	就	02.16
jiūjìng	究竟	26.06
jiùshi...yě	就是... 也	07.12
jìzhu	記住	02.03
jūbǔzhèng	拘捕證	24.04
juébù	絶不	28.09
juéde	覺得	13.10
juéxīn	決心	27.14
jūwěihuì	居委會	09.15

K.

kāi "tiānchuāng"	開天窗	21.05
kāishì	開始	28.10
kāishuǐ	開水	04.07
kāi wǎng...fāngmiàn	開往 ...方面	01.04
kāizhǎn	開展	13.49
kàoshang	拷上	24.01
kěxī	可惜	24.03
kuángtāo jùlàng	狂濤巨浪	27.22

L.

làn	爛	27.11
láodàyé	老大爺	17.02

jiàoxùn	教训	17.23
jiāqiáng yíngyǎng	加强营养	10.06
jīchuáng chǎng	机床厂	32.01
jiè yān táng	戒烟糖	04.05
jīling	机伶	14.11
jìng	净	17.28
jīngcháng	经常	02.04
jìngsài	竞赛	13.51
jǐnzhāng	紧张	03.17
jìrán...jiù	既然... 就	27.02
jiǔ lù	九路	01.19
jiù	就	02.16
jiūjìng	究竟	26.06
jiùshi...yě	就是... 也	07.12
jìzhu	记住	02.03
jūbǔzhèng	拘捕证	24.04
juébù	绝不	28.09
juéde	觉得	13.10
juéxīn	决心	27.14
jūwěihuì	居委会	09.15

K.

kāi "tiānchuāng"	开天窗	21.05
kāishǐ	开始	28.10
kāishuǐ	开水	04.07
kāi wǎng...fāngmiàn	开往 ...方面	01.04
kāizhǎn	开展	13.49
kàoshang	拷上	24.01
kěxī	可惜	24.03
kuángtāo jùlàng	狂涛巨浪	27.22

L.

làn	烂	27.11
lǎodàyé	老大爷	17.02

lāodiǎnr	撈點兒	03.20
láojià	勞駕	03.02
lǎoshí	老實	09.08
léizi	雷子	24.02
lèng	楞	17.06
lí	梨	12.06
liǎ	倆	13.06
liǎngdànr	兩袋兒	06.07
liángpéng	涼棚	31.07
liánlian	練練	25.06
liǎojiě	了解	26.12
lièché	列車	01.06
lǐjiě	理解	27.13
lǐngdǎo	領導	13.46
línghuó zhǎngwò	靈活掌握	08.08
língqián	零錢	10.05
lìngwài	另外	13.26
liúdòng	流動	14.03
liúmáng	流氓	17.31
liúnián búlì	流年不利	13.42
liúxià	留下	32.12
liúxià de	留下的	28.01
luànjiāo péngyou	亂交朋友	02.08
luànjìnr	亂勁兒	21.04
luànqibāzāo	亂七八糟	02.09
lǚkè	旅客	01.03
luòshí zhèngcè	落實政策	05.05

M.

m̀	嗯	02.06
mádàishang xiù huā	麻袋上繡花	14.14
---dǐzi tàichà	---底子太差	
máfan	麻煩	15.02
mán	蠻	17.20
mǎnyì	滿意	13.24

lāodiánr	捞点儿	03.20
láojià	劳驾	03.02
lǎoshí	老实	09.08
léizi	雷子	24.02
lèng	楞	17.06
lí	梨	12.06
liǎ	俩	13.06
liǎngdànr	两袋儿	06.07
liángpéng	凉棚	31.07
liànlian	练练	25.06
liǎojiě	了解	26.12
lièchē	列车	01.06
lǐjiě	理解	27.13
lǐngdǎo	领导	13.46
línghuó zhángwò	灵活掌握	08.08
língqián	零钱	10.05
lìngwài	另外	13.26
liúdòng	流动	14.03
liúmáng	流氓	17.31
liúnián búlì	流年不利	13.42
liúxià	留下	32.12
liúxià de	留下的	28.01
luànjiāo péngyou	乱交朋友	02.08
luànjìnr	乱劲儿	21.04
luànqibázāo	乱七八糟	02.09
lǚkè	旅客	01.03
luòshí zhèngcè	落实政策	05.05

M.

m̀	呣	02.06
mádàishàng xiù huā	麻袋上绣花	14.14
---dǐzi tàichà	---底子太差	
máfan	麻烦	15.02
man	蛮	17.20
mǎnyì	满意	13.24

mányuàn	埋怨	05.02
máobìng	毛病	02.15
màrén	罵人	17.18
mǎshàng	馬上	06.02
méicuòr	沒錯兒	19.02
mèng	夢	28.02
miǎnguì xìng Chén	免貴，姓陳	17.40
miànshú	面熟	03.05
míngbai	明白	09.20
míngmíng	明明	17.04
mòshēng	陌生	01.01

N.

nánǐ méi bànfa	拿你沒辦法	09.13
nàotengde	鬧騰的	17.27
nàozhewǎnrde	鬧着玩兒的	13.37
nèihào rén	那號人	31.05
nèijìnr	那勁兒	17.30
nòng míngbai	弄明白	27.05
nóngmào shìchǎng	農貿市場	01.15
nǔlì	努力	27.17

O.

ō	喔	04.04

P.

pà yā	怕壓	03.04
pàichusuǒ	派出所	09.14
pào	泡	13.19
pǎoláipǎoqù	跑來跑去	04.03
pèngshang	碰上	03.10
piānpiān	偏偏	30.02
piān	偏	27.01

mányuàn	埋怨	05.02
máobìng	毛病	02.15
màrén	骂人	17.18
mǎshàng	马上	06.02
méicuòr	没错儿	19.02
mèng	梦	28.02
miǎnguì xìng Chén	免费，姓陈	17.40
miànshú	面熟	03.05
míngbai	明白	09.20
míngmíng	明明	17.04
mòshēng	陌生	01.01

N.

nánǐ méi bànfa	拿你没办法	09.13
nàotengde	闹腾的	17.27
nàozhewǎnrde	闹着玩儿的	13.37
nèihào rén	那号人	31.05
nèijìnr	那劲儿	17.30
nòng míngbai	弄明白	27.05
nóngmào shìchǎng	农贸市场	01.15
nǔlì	努力	27.17

O.

ō	喔	04.04

P.

pà yā	怕压	03.04
pàichusuǒ	派出所	09.14
pào	泡	13.19
pǎoláipǎoqù	跑来跑去	04.03
pèngshang	碰上	03.10
piānpiān	偏偏	30.02
piān	偏	27.01

piányi	便宜	25.02
píng shénme	憑什麼	17.05
píngbí	評比	13.54
píngjìng	平靜	28.08
pínzuǐ	貧嘴	14.05
píqì	脾氣	13.15
pòmābù	破抹布	27.09
púkèpái	撲克牌	13.03

Q.

qiǎng	搶	11.03
qiǎngzhàn	搶佔	17.13
qiántú	前途	28.12
qiáo	瞧	03.36
qīng yì diǎnr	輕一點兒	03.03
qīngchu	清楚	27.04
qíngkuàng	情況	27.03
qiú	求	24.06
qīzi	妻子	13.05
qúnzhòng guānxì	群眾關係	13.45

R.

ràng...ba	讓... 吧	05.01
ràngnǐ	讓你	07.17
ràngrang	讓讓	06.01
ránhòu...jiùshì	然後... 就是	01.14
rǎoluàn	擾亂	17.14
rèncuò rén	認錯人	03.08
rénjia	人家	17.01
rènshi	認識	02.12
rénzhèng	人證	09.09
rúguǒ...de huà	如果... 的話	05.03
rújīn na	如今吶	17.40

piányi 便宜 25.02
píng shénme 凭什么 17.05
píngbǐ 评比 13.54
píngjìng 平静 28.08
pínzuǐ 贫嘴 14.05
píqì 脾气 13.15
pòmābù 破抹布 27.09
púkèpái 扑克牌 13.03

Q.

qiǎng 抢 11.03
qiǎngzhàn 抢占 17.13
qiántú 前途 28.12
qiáo 瞧 03.36
qīng yì diǎnr 轻一点儿 03.03
qīngchu 清楚 27.04
qíngkuàng 情况 27.03
qiú 求 24.06
qīzi 妻子 13.05
qúnzhòng guānxì 群众关系 13.45

R.

ràng...ba 让... 吧 05.01
ràngnǐ 让你 07.17
ràngrang 让让 06.01
ránhòu...jiùshì 然后... 就是 01.14
rǎoluàn 扰乱 17.14
rèncuò rén 认错人 03.08
rénjia 人家 17.01
rènshi 认识 02.12
rénzhèng 人证 09.09
rúguǒ...de huà 如果... 的话 05.03
rújīn na 如今呐 17.40

S.

sāfèn	撒糞	25.04
sānfēn zhī yī	三分之一	03.14
shā or shá	啥	17.41
shāngrén	傷人	27.24
shāojī	燒雞	10.08
shǎolái zhèitào	少來這套	17.17
shēn	深	13.08
shénlishénjīng	神裡神經	17.35
shīfu	師傅	03.23
shòu wěiqū	受委曲	32.11
shòuguo	受過	26.02
shōule	收了	14.04
shǒuxiān	首先	09.18
shòuzuì	受罪	07.07
shuāngbèi	雙倍	27.16
shùnxīn	順心	13.39
shuōhuǎng	說謊	30.06

T.

tàijuéle	太絶了	13.31
tàiqiǎole	太巧了	03.09
tàishénle	太神了	13.13
táitái pái	抬抬牌	13.35
táitaijiǎo	抬抬脚	13.02
tāmā guǎndezháo ma	他媽管得着嗎	17.08
tāmāde	他媽的	17.07
tǎnbái	坦白	09.12
tànqīn	探親	12.07
tèbié	特別	08.06
tiǎn	舔	25.03
Tiānjīn	天津	06.03
tíng	停	14.01
tǐng	挺	07.06

S.

sāfèn	撒粪	25.04
sānfēn zhī yī	三分之一	03.14
shā or shá	啥	17.41
shāngrén	伤人	27.24
shāojī	烧鸡	10.08
shǎolái zhèitào	少来这套	17.17
shēn	深	13.08
shénlishénjīng	神里神经	17.35
shīfu	师傅	03.23
shòu wěiqū	受委曲	32.11
shòuguo	受过	26.02
shōule	收了	14.04
shǒuxiān	首先	09.18
shòuzuì	受罪	07.07
shuāngbèi	双倍	27.16
shùnxīn	顺心	13.39
shuōhuǎng	说谎	30.06

T.

tàijuéle	太绝了	13.31
tàiqiǎole	太巧了	03.09
tàishénle	太神了	13.13
táitái pái	抬抬牌	13.35
táitaijiǎo	抬抬脚	13.02
tāmā guǎndezháo ma	他妈管得着吗	17.08
tāmāde	他妈的	17.07
tǎnbái	坦白	09.12
tànqīn	探亲	12.07
tèbié	特别	08.06
tiǎn	舔	25.03
Tiānjīn	天津	06.03
tíng	停	14.01
tǐng	挺	07.06

tīnghuà	聽話	08.07
tíqián	提前	06.04
tǐtiē	體貼	13.09
tíxīn	提薪	13.28
tóng lù rén	同路人	03.11
tōngguò	通過	13.52
tòngkuai	痛快	09.07
tóngnián	童年	27.20
tóngzhì	同志	01.12

W.

wǎncān	晚餐	10.01
wàng hòu zhàn	往後站	03.39
wàng...shēnshangtuī	往... 身上推	09.05
wēixiǎn	危險	03.40
wèi...zhāojí	爲... 着急	32.02
wèibì	未必	30.04
wèishēng	衛生	12.04
wǒnèikǒuzi	我那口子	13.14
wòpù	臥鋪	03.12
wúgū	無辜	32.05
Wǔsōng dǎhǔ	武松打虎	17.42
wùzhèng	物證	09.10

X.

xiānghù	相互	27.15
xiāngxìn	相信	07.16
xiānqǐ	掀起	27.21
xiāodú	消毒	12.02
xiàohua	笑話	03.38
xiǎoliǎngkǒur	小兩口兒	08.03
xiǎorén	小人	13.40
xiǎotōur	小偷兒	17.32
xiāoxiaoshí	消消食	12.01

tīnghuà	听话	08.07
tíqián	提前	06.04
tǐtiē	体贴	13.09
tíxīn	提薪	13.28
tóng lù rén	同路人	03.11
tōngguò	通过	13.52
tòngkuai	痛快	09.07
tóngnián	童年	27.20
tóngzhì	同志	01.12

W.

wǎncān	晚餐	10.01
wàng hòu zhàn	往后站	03.39
wàng...shēnshangtuī	往... 身上推	09.05
wēixiǎn	危险	03.40
wèi...zhāojí	为... 着急	32.02
wèibì	未必	30.04
wèishēng	卫生	12.04
wǒnèikǒuzi	我那口子	13.14
wòpù	卧铺	03.12
wúgū	无辜	32.05
Wǔsōng dǎhǔ	武松打虎	17.42
wùzhèng	物证	09.10

X.

xiànghù	相互	27.15
xiāngxìn	相信	07.16
xiānqǐ	掀起	27.21
xiāodú	消毒	12.02
xiàohua	笑话	03.38
xiǎoliǎngkǒur	小两口儿	08.03
xiǎorén	小人	13.40
xiǎotōur	小偷儿	17.32
xiāoxiaoshí	消消食	12.01

xiǎozi	小子	21.01
xiàrényítiào	嚇人一跳	17.36
xīguā	西瓜	10.09
xìngfú	幸福	13.11
xìnniàn	信念	28.15
xìnrèn	信任	26.11
xīnshèhuì	新社會	13.23
xiōng	兇	25.05
xīpíxiàoliǎn	嘻皮笑臉	24.05
xuán	懸	03.41
xùnliàn	訓練	26.04
xūyào	需要	26.10
Xúzhōu	徐州	16.01

Y.

yǎba	啞巴	19.01
yǎn yuán	演員	03.07
yǎnguāng	眼光	27.08
yǎnjing	眼睛	30.05
yào burán	要不然	28.18
yàoshuǐ	藥水	13.20
yāzi	鴨子	12.09
yèyú	業餘	17.09
yèyú huáqiáo	業餘華僑	17.11
yǐ...wéi guāngróng	以... 爲光榮	13.22
yì zhǒng	一種	28.06
yídà qún	一大群	02.13
yídìng	一定	02.18
yìqīngèrchǔ	一清二楚	17.39
yìrén laile yijí	一人來了一級	13.29
yǐwei	以爲	30.01
yòngcān	用餐	10.04
yǒngqì	勇氣	28.17
yǒngyuǎn	永遠	13.01
yǒuzhǒngde	有種的	25.07

xiǎozi	小子	21.01
xiàrényítiào	吓人一跳	17.36
xīguá	西瓜	10.09
xìngfú	幸福	13.11
xìnniàn	信念	28.15
xìnrèn	信任	26.11
xīnshèhuì	新社会	13.23
xiōng	凶	25.05
xīpíxiàoliǎn	嘻皮笑脸	24.05
xuán	悬	03.41
xùnliàn	训练	26.04
xūyào	需要	26.10
Xúzhōu	徐州	16.01

Y.

yǎba	哑巴	19.01
yǎn yuán	演员	03.07
yǎnguāng	眼光	27.08
yǎnjing	眼睛	30.05
yào burán	要不然	28.18
yàoshuǐ	药水	13.20
yāzi	鸭子	12.09
yèyú	业余	17.09
yèyú huáqiáo	业余华侨	17.11
yǐ...wéi guāngróng	以... 为光荣	13.22
yì zhǒng	一种	28.06
yídà qún	一大群	02.13
yídìng	一定	02.18
yìqīngèrchǔ	一清二楚	17.39
yìrén láile yìjí	一人来了一级	13.29
yǐwei	以为	30.01
yòngcān	用餐	10.04
yǒngqì	勇气	28.17
yǒngyuǎn	永远	13.01
yǒuzhǒngde	有种的	25.07

yuánlái	原來	17.21
yuánliàng	原諒	05.04
yuānwàng	冤枉	32.10
yùdao	遇到	13.38
yuè...yuè	越... 越	27.18
yùgǎn	預感	26.07

Z.

zāng	髒	27.10
zéi	賊	27.07
zěnmezhe	怎麼着	17.16
zhàn páizi	站牌子	01.21
zhàng	帳	09.03
zhāngchéng	章程	03.13
zhànge zuòr	佔個座兒	15.03
zhǎo zuòwèi	找座位	06.05
zhèihào rén	這號人	14.10
zhèixià	這下	17.26
zhèiyàngyìlái	這樣一來	03.16
zhèiyìzhāo	這一招	07.08
zhèizhǒng huò	這種貨	17.29
zhēn yàomìng	真要命	03.33
zhēn líng	真靈	08.01
zhēn yǒu liǎng xiàzi	真有兩下子	26.01
zhèng	掙	13.25
zhēngqì	争氣	18.02
zhíde	值得	04.02
zhīhòu	之後	28.04
zhìxu	秩序	17.15
zhìyú	至於	08.09
zhuānmén	專門	26.03
zhuībǔ	追捕	03.26
zhǔjuér	主角兒	03.27
zhǔnshì	準是	31.03
zhǔyào	主要	32.04

yuánlái	原来	17.21
yuánliàng	原谅	05.04
yuānwàng	冤枉	32.10
yùdao	遇到	13.38
yuè...yuè	越... 越	27.18
yùgǎn	预感	26.07

Z.

zāng	脏	27.10
zéi	贼	27.07
zěnmezhe	怎么着	17.16
zhàn páizi	站牌子	01.21
zhàng	帐	09.03
zhāngchéng	章程	03.13
zhànge zuòr	占个座儿	15.03
zhǎo zuòwèi	找座位	06.05
zhèihào rén	这号人	14.10
zhèixià	这下	17.26
zhèiyàngyìlái	这样一来	03.16
zhèiyìzhāo	这一招	07.08
zhèizhǒng huò	这种货	17.29
zhēn yàomìng	真要命	03.33
zhēn líng	真灵	08.01
zhēn yǒu liǎng xiàzi	真有两下子	26.01
zhèng	挣	13.25
zhēngqì	争气	18.02
zhíde	值得	04.02
zhīhòu	之后	28.04
zhìxu	秩序	17.15
zhìyú	至于	08.09
zhuānmén	专门	26.03
zhuībǔ	追捕	03.26
zhǔjuér	主角儿	03.27
zhǔnshì	准是	31.03
zhǔyào	主要	32.04

zìwǒ jièshào	自我介紹	03.25
zìyóu jíshì	自由集市	01.17
zòngshì	總是	13.16
zòu rén	揍人	17.19
zuǐ	嘴	17.37
zuò àn	作案	14.07
zuòjuéle	做絕了	07.09

zìwǒ jièshào	自我介绍	03.25
zìyóu jíshì	自由集市	01.17
zǒngshì	总是	13.16
zòu rén	揍人	17.19
zuǐ	嘴	17.37
zuò àn	作案	14.07
zuòjuéle	做绝了	07.09